2023년도 제34회 시험대비 THE LAST 모의고사
정지웅 공인중개사법·중개실무

회차	문제수	시험과목
1회	40	공인중개사법·중개실무

수험번호		성명	

【수험자 유의사항】

1. 시험문제지의 **총면수, 문제번호, 일련순서, 인쇄상태** 등을 확인하시고, 문제지 표지에 수험번호와 성명을 기재하시기 바랍니다.

2. 답은 각 문제마다 요구하는 **가장 적합하거나 가까운 답 1개만** 선택하고, 답안카드 작성 시 시험문제지 **마킹착오**로 인한 불이익은 전적으로 **수험자에게 책임**이 있음을 알려드립니다.

3. 답안카드는 국가전문자격 공통 표준형으로 문제번호가 1번부터 125번까지 인쇄되어 있습니다. 답안 마킹 시에는 반드시 **시험문제지의 문제번호와 동일한 번호**에 마킹하여야 합니다.

4. **감독위원의 지시에 불응하거나 시험시간 종료 후 답안카드를 제출하지 않을 경우** 불이익이 발생할 수 있음을 알려드립니다.

5. 시험문제지는 시험 종료 후 가져가시기 바랍니다.

6. 답안작성은 **시험시행일 현재 시행되는 법령** 등을 적용하시기 바랍니다.

7. 가답안 의견제시에 대한 개별회신 및 공고는 하지 않으며, **최종 정답 발표로 갈음**합니다.

8. 시험 중 **중간 퇴실은 불가**합니다. 단, 부득이하게 퇴실할 경우 **시험 포기각서 제출 후 퇴실은 가능**하나 **재입실이 불가**하며, 해당시험은 무효처리됩니다.

박문각은 여러분의 제34회 공인중개사 시험 합격을 진심으로 응원합니다!

공인중개사의 업무 및 부동산 거래신고에 관한 법령 및 중개실무

1. 공인중개사법령에서 사용하는 용어에 관한 설명으로 틀린 것을 모두 고른 것은?

> ㄱ. 개업공인중개사란 공인중개사로서 중개사무소의 개설등록을 한 자를 말한다.
> ㄴ. 공인중개사가 아닌 자로서 개업공인중개사에 소속되어 중개업무를 수행하는 자는 소속공인중개사이다.
> ㄷ. 개업공인중개사인 법인의 사원인 공인중개사로서 중개업무를 보조하는 자는 소속공인중개사에 해당하지 않는다.
> ㄹ. 중개보조원은 공인중개사로서 개업공인중개사에 소속되어 중개업무와 관련된 단순한 업무를 보조하는 자를 말한다.

① ㄴ, ㄷ 　　② ㄴ, ㄷ, ㄹ 　　③ ㄱ, ㄴ, ㄷ
④ ㄱ, ㄴ, ㄹ 　　⑤ ㄱ, ㄴ, ㄷ, ㄹ

2. 공인중개사법령상 중개 및 중개업에 관한 설명으로 틀린 것은?(다툼이 있으면 판례에 따름)

① 건축물에 대하여 거래당사자 간의 전세권 설정계약을 알선하는 행위는 중개행위에 해당한다.
② 중개사무소 개설등록을 하지 않고 중개업을 한 자가 거래당사자와 체결한 과다하지 않은 중개보수의 약정은 유효하다.
③ 개업공인중개사에게 미등기 부동산의 전매에 대하여 중개를 의뢰한 거래당사자는 「공인중개사법」 위반죄로 처벌할 수 없다.
④ 다른 사람의 의뢰에 의하여 일정한 보수를 받고 저당권 설정에 관한 행위의 알선을 업으로 한 것은 중개업에 해당한다.
⑤ 중개의뢰인이 개업공인중개사에게 소정의 중개보수를 지급하지 않은 경우에도 개업공인중개사가 중개대상물 확인·설명을 소홀히 하여 발생한 손해에 대하여 손해배상책임을 진다.

3. 공인중개사법령상의 중개대상물에 해당하는 것을 모두 고른 것은?(다툼이 있으면 판례에 따름)

> ㄱ. 아파트 분양예정자로 선정될 수 있는 지위를 가리키는 아파트입주권
> ㄴ. 동·호수를 특정하여 분양계약이 체결된 미완성의 아파트
> ㄷ. 「공장 및 광업재단저당법」에 따른 공장재단
> ㄹ. 경매개시결정등기가 된 토지

① ㄴ, ㄷ, ㄹ 　　② ㄱ, ㄴ, ㄹ 　　③ ㄱ, ㄴ, ㄷ
④ ㄴ, ㄷ 　　⑤ ㄱ, ㄹ

4. 공인중개사법령상 개업공인중개사 등의 교육에 관한 설명으로 옳은 것을 모두 고른 것은?

> ㄱ. 중개보조원은 직무교육을 받은 후 2년마다 연수교육을 받아야 한다.
> ㄴ. 직무교육의 교육시간은 12시간 이상 16시간 이하이다.
> ㄷ. 개업공인중개사로서 폐업신고를 한 날부터 10개월 후 소속공인중개사로 고용 신고를 하려는 자는 실무교육을 받지 않아도 된다.
> ㄹ. 시·도지사는 소속공인중개사가 실무교육을 받는 경우에는 필요한 비용을 지원할 수 있다.

① ㄱ, ㄴ 　　② ㄱ, ㄹ 　　③ ㄴ
④ ㄷ 　　⑤ ㄷ, ㄹ

5. 공인중개사법령상 공인중개사 자격시험제도에 관한 설명으로 틀린 것은?

① 국토교통부장관이 직접 공인중개사 자격시험을 시행하려는 경우에는 심의위원회 의결을 미리 거쳐야 한다.
② 공인중개사 자격이 취소된 후 2년이 된 자는 중개보조원이 될 수 없다.
③ 국토교통부장관은 자격시험의 합격자에게 국토교통부령으로 정하는 바에 따라 공인중개사자격증을 교부해야 한다.
④ 시험은 매년 1회 이상 시행하되, 심의위원회 의결을 거쳐 해당 연도에는 시행하지 않을 수 있다.
⑤ 공인중개사가 다른 사람에게 자기의 성명을 사용하여 중개업무를 하게 하는 행위를 알선한 자는 1년 이하의 징역 또는 1천만 원 이하의 벌금에 처한다.

6. 공인중개사법령상 법인의 중개사무소 개설등록에 관한 설명으로 옳은 것은?(다른 법률에 따라 중개업을 할 수 있는 경우는 제외됨)

① 「건축법」상 가설건축물대장에 기재된 건물에 중개사무소 개설등록을 할 수 있다.
② 「상법」상 회사를 설립하여 개설등록을 하려는 경우에는 자본금이 4억원 이상이어야 한다.
③ 대표자, 임원 또는 사원의 전원이 등록신청일 전 1년 이내에 연수교육을 받아야 한다.
④ 중개업과 상업용 건축물의 분양대행을 영위할 목적으로 설립된 법인은 중개사무소 개설등록을 할 수 있다.
⑤ 대표자를 포함한 임원 또는 사원의 3분의 1 이상은 공인중개사이어야 한다.

7. 공인중개사법령상 중개사무소의 개설등록을 할 수 있는 자를 모두 고른 것은?

> ㄱ. 금고형의 실형을 선고받고 그 형의 집행이 면제된 날 부터 2년이 된 자
> ㄴ. 이중으로 중개사무소 개설등록을 한 것을 이유로 중개 사무소 개설등록이 취소된 후 3년이 지나지 아니한 자
> ㄷ. 파산선고를 받고 복권된 후 3년이 지나지 아니한 자
> ㄹ. 「공인중개사법」을 위반하여 300만원의 벌금형을 선 고받고 1년이 된 자
> ㅁ. 피특정후견인

① ㄷ, ㅁ   ② ㄱ, ㄹ   ③ ㄴ, ㄷ
④ ㄱ, ㄴ   ⑤ ㄹ, ㅁ

8. 공인중개사법령상 법인인 개업공인중개사가 겸업할 수 있는 업무로 옳은 것은?

① 상업용 건축물의 임대업
② 상업용 건축물 부지의 분양대행
③ 공인중개사인 개업공인중개사를 대상으로 한 중개업의 경영기 법 제공
④ 이사업체의 운영
⑤ 토지의 개발대행

9. 공인중개사법령상 개업공인중개사 甲과 그가 고용한 소속공인중개사 乙에 관한 설명으로 옳은 것은?

① 乙은 고용신고일 전 1년 이내에 직무교육을 받아야 한다.
② 乙의 모든 행위는 甲의 행위로 본다.
③ 甲은 乙과 고용관계를 종료한 때에는 종료일부터 7일 이내에 등록관청에 신고해야 한다.
④ 甲이 중개행위를 함에 있어서 고의로 중개의뢰인에게 재산상의 손해를 입힌 경우 乙도 함께 손해배상책임을 진다.
⑤ 乙이 중개의뢰인과 직접거래를 하여 자격정지 처분을 받는 경 우 등록관청은 甲의 중개사무소 개설등록을 취소할 수 있다.

10. 공인중개사법령에 관한 설명으로 옳은 것은?

① 휴업기간 중인 공인중개사인 개업공인중개사는 다른 개업공인 중개사인 법인의 사원이 될 수 있다.
② 개업공인중개사가 업무정지처분을 받은 때에는 지체 없이 사무 소의 간판을 철거해야 한다.
③ 법인인 개업공인중개사는 업무정지기간 중이 아닌 다른 개업공 인중개사의 중개사무소를 공동으로 사용하기 위해 중개사무소 를 이전할 수 있다.
④ 모든 개업공인중개사는 대법원규칙이 정하는 요건을 갖추어 법 원에 등록하면 경매대상 부동산의 매수신청대리를 할 수 있다.
⑤ 개업공인중개사가 이동이 용이한 임시 중개시설물을 설치한 경 우 등록관청은 중개사무소 개설등록을 취소해야 한다.

11. 공인중개사법령상 분사무소에 관한 설명으로 옳은 것은?

① 주된 사무소의 소재지가 속한 시·군·구에 분사무소를 둘 수 있다.
② 분사무소 설치신고서는 이를 설치하고자 하는 시장·군수 또는 구청장에게 제출해야 한다.
③ 분사무소의 설치신고를 하는 자는 국토교통부령으로 정하는 수 수료를 납부해야 한다.
④ 다른 법률의 규정에 따라 중개업을 할 수 있는 법인의 분사무소 인 경우에는 공인중개사를 책임자로 두지 않아도 된다.
⑤ 공인중개사인 개업공인중개사는 등록관청에 신고하고 관할구 역 외의 지역에 분사무소를 둘 수 있다.

12. 공인중개사법령상 인장의 등록에 관한 설명으로 틀린 것은?

① 소속공인중개사는 업무를 개시하기 전에 중개행위에 사용할 인 장을 등록관청에 등록해야 한다.
② 소속공인중개사는 등록한 인장을 변경한 경우에는 변경일로부 터 10일 이내에 그 변경된 인장을 등록관청에 등록해야 한다.
③ 소속공인중개사가 거래계약서에 등록하지 않은 인장을 사용한 경우 자격정지처분을 받을 수 있다.
④ 소속공인중개사의 인장은 전자문서에 의하여 등록할 수 있다.
⑤ 개업공인중개사의 인장등록은 중개사무소 개설등록신청과 같 이 할 수 있다.

13. 공인중개사법령상 중개업의 휴업과 폐업에 관한 설명으로 옳은 것은?

① 취학의 사유가 있는 경우에는 6개월을 초과하여 휴업할 수 있다.

② 휴업신고는 전자문서에 의하여 할 수 있다.

③ 법인인 개업공인중개사의 분사무소는 주사무소와 별도로 휴업할 수 없다.

④ 휴업기간 변경신고서에는 중개사무소등록증을 첨부해야 한다.

⑤ 폐업신고를 하지 않고 폐업한 개업공인중개사에 대하여는 500만원 이하의 과태료를 부과한다.

14. 공인중개사법령상 X토지의 매도의뢰인 甲과 개업공인중개사 乙의 중개계약에 관한 설명으로 틀린 것은?

① 甲과 乙의 전속중개계약은 국토교통부령으로 정하는 계약서에 의해야 한다.

② 甲은 일반중개계약서에 乙이 준수해야 할 사항의 기재를 요청할 수 있다.

③ 전속중개계약을 체결한 乙은 甲의 비공개 요청이 없는 한 부동산거래정보망 또는 일간신문에 X토지의 권리관계 및 권리자의 주소·성명을 공개해야 한다.

④ 乙은 甲에게 전속중개계약 체결 후 2주일에 1회 이상 업무처리상황을 문서로 통지해야 한다.

⑤ 국토교통부장관은 일반중개계약의 표준이 되는 서식을 정하여 그 사용을 권장할 수 있다.

15. 공인중개사법령상 중개대상물 확인·설명 의무에 관한 설명으로 틀린 것은?(확인·설명사항이 공인전자문서센터에 보관된 경우를 제외함)

① 개업공인중개사는 중개대상물 확인·설명서의 원본, 사본 또는 전자문서를 3년 동안 보존해야 한다.

② 개업공인중개사는 거래계약서를 작성하는 때에는 중개대상물 확인·설명서를 작성하여 거래당사자에게 교부해야 한다.

③ 중개대상물 확인·설명서에는 중개보수 및 실비의 금액과 그 산출내역을 기재해야 한다.

④ 개업공인중개사는 확인·설명을 위하여 필요한 경우 중개대상물의 매도의뢰인에게 해당 중개대상물의 상태에 관한 자료를 요구할 수 있다.

⑤ 개업공인중개사가 중개대상물 확인·설명서를 교부하지 않은 경우 500만원 이하의 과태료를 부과한다.

16. 공인중개사법령상 개업공인중개사, 소속공인중개사, 중개보조원 및 개업공인중개사인 법인의 사원·임원 모두에게 적용되는 것은 모두 몇 개인가?

> ㄱ. 부동산거래사고 예방교육의 대상자
> ㄴ. 비밀누설금지의무
> ㄷ. 이중소속의 금지의무
> ㄹ. 인장등록의무
> ㅁ. 신의와 성실로 공정하게 중개업무를 수행할 의무

① 1개 ② 2개 ③ 3개 ④ 4개 ⑤ 5개

17. 공인중개사법령상 비주거용 건축물의 확인·설명서에 기재할 사항이 아닌 것은?

① 계약갱신요구권 행사 여부

② 비선호시설

③ 관리에 관한 사항

④ 도로, 대중교통, 주차장

⑤ 실제권리관계 또는 공시되지 않은 물건의 권리

18. 공인중개사법령상 개업공인중개사의 중개로 토지의 매매계약을 체결한 후 계약금 등의 반환채무이행의 보장을 위해 매수인이 지급한 계약금과 중도금을 개업공인중개사의 명의로 금융기관에 예치하였다. 이에 관한 설명으로 옳은 것은?

① 개업공인중개사는 거래의 안전을 보장하기 위하여 잔금도 예치하도록 권고해야 한다.

② 잔금은 개업공인중개사가 고용한 중개보조원의 명의로 예치할 수 있다.

③ 개업공인중개사는 거래당사자 동의 없이 예치된 계약금을 인출할 수 있다.

④ 개업공인중개사는 계약의 이행이 완료된 때 예치된 계약금 및 중도금의 인출에 대한 거래당사자의 동의방법을 약정해야 한다.

⑤ 계약금 등의 반환채무이행의 보장을 위해 소요된 실비는 별도의 약정이 없는 한 매도인이 부담한다.

19. 공인중개사법령상 개업공인중개사의 행위 가운데 금지행위에 해당하지 않는 것은?

① 주택의 매매를 업으로 한 행위

② 개업공인중개사 등에게 중개대상물을 시세보다 현저하게 높게 표시·광고하도록 강요하는 행위

③ 단체를 구성하여 특정 중개대상물에 대한 중개를 제한하는 행위

④ 탈세 등을 목적으로 소유권이전등기를 하지 아니한 부동산의 매매를 중개하는 등 부동산 투기를 조장하는 행위

⑤ 매도의뢰인의 위임을 받아 매수의뢰인과 매매계약을 체결한 행위

20. 공인중개사법령상 개업공인중개사의 손해배상책임 및 보증에 관한 설명으로 틀린 것은?

① 개업공인중개사가 그 보증을 다른 보증으로 변경하고자 하는 경우에는 이미 설정한 보증의 효력이 만료되는 즉시 다른 보증으로 설정하고 등록관청에 신고해야 한다.

② 개업공인중개사는 업무를 개시하기 전에 손해배상책임을 보장하기 위하여 보증보험 또는 공제에 가입하거나 공탁을 해야 한다.

③ 개업공인중개사가 공탁금으로 손해배상을 한 경우에는 15일 이내에 보증보험 또는 공제에 가입하거나 공탁금 중 부족하게 된 금액을 보전해야 한다.

④ 공탁금은 개업공인중개사가 폐업한 날부터 3년 이내에 회수할 수 없다.

⑤ 개업공인중개사가 손해배상책임을 보장하기 위한 조치를 이행하지 아니하고 업무를 개시한 경우 등록관청은 개설등록을 취소할 수 있다.

21. 공인중개사법령상 개업공인중개사의 중개보수 및 실비에 관한 설명으로 옳은 것은?

① 중개보수의 지급시기는 별도의 약정이 없는 한 거래계약이 체결된 날로 한다.

② 주택 외의 중개보수는 국토교통부령으로 정하는 범위 안에서 시·도 조례로 정한다.

③ 실비의 한도 등에 관하여 필요한 사항은 국토교통부령으로 정하는 범위 안에서 시·도 조례로 정한다.

④ 중개보수를 받은 경우에는 실비를 별도로 받을 수 없다.

⑤ 중개보수에는 부가가치세가 포함된 것으로 본다.

22. 공인중개사법령상 부동산거래정보망에 관한 설명으로 옳은 것은?

① 거래정보사업자는 지정받은 날부터 3개월 이내에 운영규정을 정하여 시·도지사의 승인을 얻어야 한다.

② 거래정보사업자 지정신청서에는 공인중개사자격증 사본을 첨부하지 않아도 된다.

③ 거래정보사업자가 부동산거래정보망의 이용 및 정보제공방법 등에 관한 운영규정을 변경하려는 경우에는 지정권자의 승인을 얻지 않아도 된다.

④ 개업공인중개사는 부동산거래정보망에 공개한 물건의 거래가 완성된 때에는 이를 지체 없이 해당 거래정보사업자에게 통보해야 한다.

⑤ 정당한 사유 없이 지정받은 날부터 1년 이내에 부동산거래정보망을 설치·운영하지 아니하면 지정권자는 사업자 지정을 취소해야 한다.

23. 공인중개사법령상 공제사업의 운영위원회에 관한 설명으로 옳은 것을 모두 고른 것은?

> ㄱ. 위원장 및 부위원장은 위원 중에서 각각 호선(互選)한다.
> ㄴ. 운영위원회는 성별을 고려하여 구성해야 한다.
> ㄷ. 위원장이 부득이한 사유로 직무를 수행할 수 없게 된 때에는 부위원장이 직무를 대행한다.
> ㄹ. 운영위원회 위원은 19명 이내로 한다.

① ㄱ, ㄴ, ㄷ, ㄹ   ② ㄴ, ㄷ, ㄹ   ③ ㄱ, ㄷ
④ ㄷ, ㄹ   ⑤ ㄱ, ㄴ, ㄹ

24. 공인중개사법령상 포상금에 관한 설명으로 틀린 것은?

① 포상금의 지급에 소요되는 비용은 국고에서 100분의 50 이내로 보조할 수 있다.

② 포상금은 1건당 50만원으로 한다.

③ 등록관청은 포상금 지급결정일부터 1개월 이내에 포상금을 지급해야 한다.

④ 포상금은 신고 또는 고발사건에 대하여 검사가 기소유예의 결정을 한 경우에도 지급한다.

⑤ 등록관청은 하나의 사건에 대하여 2건 이상의 신고 또는 고발이 접수된 경우에는 건수에 따라 균등하게 배분하여 포상금을 지급한다.

25. 공인중개사법령상 개업공인중개사에 대한 행정처분에 관한 설명으로 틀린 것은?

① 법인인 개업공인중개사가 폐업신고를 한 후 대표자가 공인중개사인 개업공인중개사로 중개사무소 개설등록을 하는 경우에는 대표자가 폐업신고 전의 법인인 개업공인중개사의 지위를 승계한다.

② 폐업신고 전의 개업공인중개사에 대하여 행한 업무정지처분의 효과는 그 처분일로부터 15개월이 된 때 재등록한 개업공인중개사에게 승계된다.

③ 2년 6개월간 폐업 후 재등록한 개업공인중개사에 대하여 등록관청은 폐업신고 전에 거짓으로 중개사무소 개설등록을 한 것을 이유로 중개사무소 개설등록을 취소해야 한다.

④ 18개월간 폐업 후 재등록한 개업공인중개사에 등록관청은 폐업신고 전에 거래계약서를 교부하지 않은 것을 이유로 업무정지처분을 할 수 없다.

⑤ 재등록한 개업공인중개사에 대하여 폐업 전의 사유로 업무정지처분을 하는 경우에는 폐업의 사유를 고려해야 한다.

26. 공인중개사법령상 등록관청이 중개사무소 개설등록을 취소해야 하는 사유를 모두 고른 것은?

> ㄱ. 거래계약서에 거래금액을 거짓으로 기재한 경우
> ㄴ. 개업공인중개사인 법인이 해산한 경우
> ㄷ. 자격정지처분을 받은 소속공인중개사로 하여금 자격정지기간 중에 중개업무를 하게 한 경우
> ㄹ. 최근 1년 이내에 「공인중개사법」을 위반하여 2회의 과태료와 1회의 업무정지처분을 받고 다시 업무정지 사유에 해당하는 위반행위를 한 경우
> ㅁ. 다른 사람에게 자신의 상호를 사용하여 중개업무를 하게 한 경우

① ㄴ, ㄷ, ㅁ   ② ㄴ, ㄷ, ㄹ, ㅁ   ③ ㄱ, ㄴ, ㄷ, ㅁ
④ ㄱ, ㄷ, ㄹ   ⑤ ㄴ, ㄹ, ㅁ

27. 공인중개사법령상 등록관청이 개업공인중개사에게 업무정지처분을 할 수 있는 경우가 아닌 것은?

① 부동산거래정보망에 중개대상물의 정보를 거짓으로 공개한 경우

② 중개행위에 등록하지 않은 인장을 사용한 경우

③ 최근 1년 이내에 1회의 업무정지처분을 받고 다시 과태료처분 사유에 해당하는 위반행위를 한 경우

④ 법령상 상한액을 초과하여 중개보수를 받은 경우

⑤ 서로 다른 둘 이상의 거래계약서를 작성한 경우

28. 공인중개사법령상 개업공인중개사에 대한 벌칙 규정 내용이 옳게 연결된 것을 모두 고른 것은?

> ㄱ. 정당한 사유 없이 개업공인중개사 등의 중개대상물에 대한 정당한 표시·광고 행위를 방해하는 행위를 한 자 - 1년 이하의 징역 또는 1천만원 이하의 벌금
> ㄴ. 공인중개사가 아닌 자로서 공인중개사 또는 이와 유사한 명칭을 사용한 자 - 100만원 이하의 과태료
> ㄷ. 거짓 그 밖의 부정한 방법으로 중개사무소의 개설등록을 한 자 - 3년 이하의 징역 또는 3천만원 이하의 벌금
> ㄹ. 중개사무소 개설등록이 취소된 후 중개사무소등록증을 반납하지 아니한 자 - 100만원 이하의 과태료
> ㅁ. 둘 이상의 중개사무소에 소속된 자 - 1년 이하의 징역 또는 1천만원 이하의 벌금

① ㄱ, ㄴ, ㄷ   ② ㄱ, ㄴ, ㅁ   ③ ㄱ, ㄹ, ㅁ
④ ㄴ, ㄷ, ㄹ   ⑤ ㄷ, ㄹ, ㅁ

29. 부동산 거래신고 등에 관한 법령상 부동산 거래신고에 관한 설명으로 옳은 것은?

① 「택지개발촉진법」에 따른 공급계약을 통하여 부동산을 공급받는 자로 선정된 지위의 매매계약은 신고대상이 아니다.

② 부동산 거래신고는 계약체결일로부터 60일 이내에 해야 한다.

③ 「건축법」에 따라 공급된 건축물의 매매계약은 신고대상이 아니다.

④ 신고인이 부동산거래계약 신고필증을 발급받은 때에는 매수인은 「부동산등기 특별조치법」에 따른 검인을 받은 것으로 본다.

⑤ 부동산 거래신고를 하려는 개업공인중개사는 부동산거래계약 신고서에 서명 또는 날인하여 중개사무소 소재지를 관할하는 시장·군수 또는 구청장에게 제출해야 한다.

30. 부동산 거래신고 등에 관한 법령상 부동산거래계약에 대한 변경신고를 할 수 없는 경우는?

① 거래지분 비율이 변경된 경우

② 부동산 등이 다수인 경우에서 일부 부동산 등이 추가된 경우

③ 잔금 및 지급일이 변경된 경우

④ 거래의 조건이 변경된 경우

⑤ 거래 지분이 변경된 경우

31. 부동산 거래신고 등에 관한 법령상 甲이 토지의 취득에 필요한 자금의 조달계획을 신고관청에 신고해야 하는 경우를 모두 고른 것은?(단, 甲, 乙, 丙, 丁은 자연인이고 戊는 지방자치단체이며 해당 토지는 토지거래허가구역 외의 지역에 소재하는 나대지임)

> ㄱ. 甲이 서울특별시에 소재하는 乙 소유 토지를 1억원에 매수하는 경우
> ㄴ. 甲이 수도권 등 외의 지역에 소재하는 丙 소유 토지를 5억원에 매수하는 경우
> ㄷ. 甲이 수도권 등 외의 지역에 소재하는 丁 소유 토지의 지분을 5억원에 매수하는 경우
> ㄹ. 甲이 세종특별자치시에 소재하는 戊 소유 토지의 지분을 7천만원에 매수하는 경우

① ㄱ, ㄴ   ② ㄱ, ㄴ, ㄹ   ③ ㄴ, ㄷ, ㄹ
④ ㄴ, ㄷ   ⑤ ㄱ, ㄹ

32. 부동산 거래신고 등에 관한 법령상 개업공인중개사가 대한민국 내 부동산 등을 취득하려는 외국인에게 설명한 내용으로 틀린 것은?

① 외국인 등이 「야생생물 보호 및 관리에 관한 법률」에 따른 야생생물 특별보호구역의 토지를 취득하고자 할 때에는 계약체결 전에 신고관청의 허가를 받아야 한다.

② 외국인 등이 신고관청의 허가 없이 「문화재보호법」에 따른 문화재보호구역 내의 토지를 취득하는 계약을 체결한 경우 그 효력이 발생하지 아니한다.

③ 부동산 등을 증여받은 경우에는 계약체결일로부터 60일 이내에 신고관청에 신고해야 한다.

④ 외국인 등이 건축물의 재축으로 부동산을 취득하고 이를 신고하지 아니한 경우에는 300만원 이하의 과태료를 부과한다.

⑤ 외국인 등이 경매로 부동산을 취득한 경우 취득한 날부터 6개월 이내에 신고관청에 신고해야 한다.

33. 부동산 거래신고 등에 관한 법령상 국토교통부장관 또는 시·도지사가 지정하는 토지거래허가구역에 관한 설명으로 틀린 것은?

① 법령에 의한 개발사업이 예정되어 있는 지역의 인근지역으로서 지가가 급격히 상승하거나 그러한 우려가 있는 지역은 허가구역으로 지정할 수 있다.

② 허가구역에 거주하는 농업인이 그 허가구역에서 농업을 경영하기 위하여 토지를 취득하는 경우에는 허가가 필요하지 않다.

③ 시·도지사는 허가구역의 지정을 해제하려면 시·도도시계획위원회의 심의를 거쳐야 한다.

④ 허가구역의 지정은 국토교통부장관 또는 시·도지사가 허가구역의 지정을 공고한 날부터 5일 후에 그 효력이 발생한다.

⑤ 허가신청서를 받은 허가관청은 지체 없이 필요한 조사를 하고 신청서를 받은 날부터 15일 이내에 허가·변경허가 또는 불허가 처분을 해야 한다.

34. 부동산 거래신고 등에 관한 법령에 의하면, 토지거래계약허가를 받은 자가 허가받은 목적에 따른 토지이용의무를 위반하여 적접 이용하지 아니하고 임대한 경우에는 연 1회씩 이행강제금을 부과하는데, 이때 부과하는 이행강제금의 토지취득가액에 대한 비율은?

① 100분의 5   ② 100분의 7   ③ 100분의 10
④ 100분의 12   ⑤ 100분의 15

35. 개업공인중개사가 묘지가 있는 토지를 매수하려는 중개의뢰인에게 설명한 내용으로 틀린 것은?(다툼이 있으면 판례에 따름)

① 평장되어 있어 객관적으로 인식할 수 있는 외형을 갖추고 있지 아니한 경우, 분묘기지권이 인정되지 아니한다.

② 분묘기지권의 효력이 미치는 범위 내에서 기존의 분묘에 단분 형태로 합장하여 새로운 분묘를 설치하는 것은 허용되지 않는다.

③ 분묘기지권의 효력이 미치는 범위는 분묘의 기지 자체에 한정된다.

④ 분묘기지권을 시효로 취득한 자는 토지소유자가 분묘기지권에 관한 지료를 청구하면 그 청구한 날부터의 지료를 지급해야 할 의무가 있다.

⑤ 분묘가 멸실된 경우 유골이 존재하여 분묘의 원상회복이 가능한 정도의 일시적인 멸실에 불과하다면 분묘기지권은 존속한다.

36. 甲과 친구 乙은 乙을 명의수탁자로 하는 계약명의신탁 약정을 하였고 이에 따라 乙은 2023. 9. 15. 丙 소유의 X토지를 매수하고 乙명의로 이전등기를 하였다. 이에 관한 설명으로 틀린 것은?(다툼이 있으면 판례에 따름)

① 甲과 乙 간의 명의신탁약정은 무효이다.

② 丙이 甲과 乙 간에 명의신탁약정이 있다는 사실을 알고 있었던 경우 乙명의의 등기는 무효이다.

③ 丙이 명의신탁약정이 있다는 사실을 아는 경우 X토지의 소유자는 丙이다.

④ 乙이 甲과 乙 간에 명의신탁약정이 있다는 사실을 알고 있는 丁에게 토지를 처분한 경우 丁은 소유권을 취득하지 못한다.

⑤ 丙이 甲과 乙 간의 명의신탁약정을 모르는 경우 乙은 유효하게 소유권을 취득한다.

37. 개업공인중개사가 주택임대차 중개를 의뢰 받고 임차의뢰인에게 주택임대차보호법령을 설명한 내용으로 옳은 것은?

① 임차권등기명령의 집행에 의한 임차권등기가 경료된 주택을 그 이후에 임차한 소액임차인이 대항요건을 갖춘 경우 보증금 중 일정액을 우선변제 받을 수 있다.

② 소액임차인이 보증금 중 일정액을 담보물권자보다 우선변제를 받으려면 경매개시결정등기 전에 대항요건과 확정일자를 갖추어야 한다.

③ 임대인은 2년 미만으로 정한 임대차기간의 유효함을 주장할 수 있다.

④ 임차인의 우선변제권을 승계한 금융기관은 임차인이 대항요건을 상실하더라도 우선변제권을 행사할 수 있다.

⑤ 임대차계약을 체결하려는 자는 임대인의 동의를 얻어 확정일자 부여기관에 해당 주택의 임대차계약에 관한 확정일자 부여일을 기록한 서면의 교부를 요청할 수 있다.

38. 개업공인중개사 丙이 서울특별시에 소재하는 甲 소유의 X상가건물을 乙이 보증금 3억원, 월차임 700만원으로 임차하는 계약을 중개하면서 甲과 乙에게 상가건물 임대차보호법령을 설명한 내용으로 틀린 것은?

① 甲과 乙의 임대차 계약이 묵시적으로 갱신된 경우 그 기간은 1년으로 본다.

② 乙이 X건물을 인도받고 사업자등록을 신청한 때에는 그 다음 날부터 제3자에 대하여 효력이 생긴다.

③ 乙이 대항요건을 갖추었더라도 X건물의 경매시 매각대금으로부터 다른 일반채권자보다 보증금을 우선변제 받을 수 없다.

④ 乙이 甲의 동의 없이 X건물의 일부를 전대한 경우, 甲은 乙의 계약갱신요구를 거절할 수 있다.

⑤ 乙의 계약갱신요구에 의해 갱신된 경우, 甲은 주변 상가건물의 차임을 고려하여 乙에게 월차임의 100분의 10에 해당하는 금액의 증액을 요청할 수 있다.

39. 개업공인중개사가 법원 경매에 관하여 중개의뢰인에게 설명한 내용으로 틀린 것은?

① 부동산 거래신고 등에 관한 법령상 토지거래허가구역 내의 허가대상 토지를 경매로 취득하는 경우에는 허가를 받지 않아도 된다.

② 부동산의 매각방법은 호가경매, 기일입찰 또는 기간입찰 중 집행법원이 정하는 바에 따른다.

③ 집행관은 법원의 허가를 얻어 법원 외의 장소에서 매각기일을 진행할 수 있다.

④ 매각허가결정에 항고하려는 자는 최저매각가격의 10분의 1에 해당하는 금전 또는 유가증권을 공탁해야 한다.

⑤ 매각허가결정이 확정되면 법원은 대금의 지급기한을 정하여 매수인과 차순위매수신고인에게 통지해야 한다.

40. 공인중개사의 매수신청대리인 등록 등에 관한 규칙의 내용에 관한 설명으로 틀린 것은?

① 소속공인중개사는 매수신청대리인 등록을 신청할 수 없다.

② 매수신청대리인으로 등록 후 매수신청대리 등록요건을 갖추지 않게 된 경우 지방법원장은 매수신청대리인 등록을 취소해야 한다.

③ 개업공인중개사가 「공인중개사법」에 따라 중개사무소를 휴업하였을 경우 지방법원장은 기간을 정하여 매수신청대리업무를 정지하는 처분을 해야 한다.

④ 매수신청대리인으로 등록한 개업공인중개사는 동일 부동산에 대하여 이해관계가 다른 2인 이상의 대리인이 되는 행위를 하여서는 아니 된다.

⑤ 개업공인중개사는 매수신청대리 보수표와 보수에 대하여 위임인에게 위임계약 전에 설명해야 한다.

2023년도 제34회 시험대비 THE LAST 모의고사
정지웅 공인중개사법·중개실무

회차	문제수	시험과목
2회	40	공인중개사법·중개실무

수험번호		성명	

【수험자 유의사항】

1. 시험문제지의 **총면수, 문제번호, 일련순서, 인쇄상태** 등을 확인하시고, 문제지 표지에 수험번호와 성명을 기재하시기 바랍니다.

2. 답은 각 문제마다 요구하는 **가장 적합하거나 가까운 답 1개**만 선택하고, 답안카드 작성 시 시험문제지 **마킹착오**로 인한 불이익은 전적으로 **수험자에게 책임**이 있음을 알려드립니다.

3. 답안카드는 국가전문자격 공통 표준형으로 문제번호가 1번부터 125번까지 인쇄되어 있습니다. 답안 마킹 시에는 반드시 **시험문제지의 문제번호와 동일한 번호**에 마킹하여야 합니다.

4. **감독위원의 지시에 불응하거나 시험시간 종료 후 답안카드를 제출하지 않을 경우** 불이익이 발생할 수 있음을 알려드립니다.

5. 시험문제지는 시험 종료 후 가져가시기 바랍니다.

6. 답안작성은 **시험시행일 현재 시행되는 법령 등**을 적용하시기 바랍니다.

7. 가답안 의견제시에 대한 개별회신 및 공고는 하지 않으며, **최종 정답 발표로 갈음**합니다.

8. 시험 중 **중간 퇴실은 불가**합니다. 단, 부득이하게 퇴실할 경우 **시험 포기각서 제출 후 퇴실은 가능**하나 **재입실이 불가**하며, **해당시험은 무효처리**됩니다.

박문각은 여러분의 제34회 공인중개사 시험 합격을 진심으로 응원합니다!

공인중개사의 업무 및 부동산 거래신고에 관한 법령 및 중개실무

1. 공인중개사법령에 관한 설명으로 옳은 것은?(다툼이 있으면 판례에 따름)

① 공인중개사는 이 법에 의하여 공인중개사 자격을 취득하고 개업공인중개사에게 소속된 자를 말한다.

② 시·도지사는 공인중개사의 직무와 관련하여 「형법」상 범죄단체 구성의 죄로 징역형의 집행유예를 선고받은 자에 대하여 공인중개사 자격을 취소해야 한다.

③ 개업공인중개사가 중개대상물 이외의 물건을 중개하는 경우에는 선량한 관리자의 주의로 권리관계 등을 조사·확인하여 의뢰인에게 설명할 의무가 없다.

④ 개업공인중개사가 아닌 자로서 중개업을 하기 위해 중개대상물의 표시·광고를 한 자에게는 과태료를 부과한다.

⑤ 중개보조원이 거래를 성사시켜 작성한 계약서에 개업공인중개사가 서명 및 날인을 한 경우는 공인중개사자격증 대여에 해당하지 않는다.

2. 공인중개사법령상 중개대상에 해당하는 것으로만 구성된 것을 모두 고른 것은?(다툼이 있으면 판례에 따름)

> ㄱ. 도로예정지 중 사유지, 접도구역에 포함된 사유지, 명인방법을 갖추지 않은 수목의 집단
> ㄴ. 사권이 소멸된 포락지, 개발제한구역 내의 농지, 유치권이 행사 중인 건물
> ㄷ. 사인에 의한 공유수면매립지, 「공장 및 광업재단 저당법」에 따른 광업재단, 가압류된 토지
> ㄹ. 이주자택지를 공급받을 수 있는 지위인 대토권, 질권, 지상권 설정계약
> ㅁ. 동·호수가 특정되어 분양계약이 체결된 아파트 분양권, 무허가 건물, 저당권 이전계약

① ㄱ, ㄷ, ㅁ   ② ㄴ, ㄷ, ㄹ   ③ ㄴ, ㄷ, ㅁ
④ ㄹ, ㅁ   ⑤ ㄷ, ㅁ

3. 공인중개사법령상 중개와 중개업에 관한 설명으로 틀린 것은?(다툼이 있으면 판례에 따름)

① 공인중개사 자격이 없는 자가 우연한 기회에 단 1회 중개행위를 하고 거래당사자와 체결한 과다하지 않은 중개보수 약정은 유효하다.

② 공인중개사가 중개사무소 개설등록을 하지 않고 중개업을 한 경우도 「공인중개사법」상 형사처벌 대상이 된다.

③ 무자격자에게 중개를 의뢰한 거래당사자는 무자격자와 함께 공동정범으로 처벌된다.

④ 보수를 받고 금전소비대차 계약의 알선에 부수하여 저당권설정계약의 알선을 업으로 한 행위는 중개업에 해당한다.

⑤ 부동산의 거래를 중개한 후 보수를 받을 것을 약속한 행위는 중개업에 해당하지 않는다.

4. 공인중개사법령상 공인중개사 정책심의위원회에 관한 설명으로 옳은 것은?

① 심의위원회 위원장은 국토교통부장관으로 한다.

② 심의위원회에서 중개보수 변경에 관한 사항을 심의한 경우 시·도지사는 이에 따라야 한다.

③ 국토교통부장관은 제척 사유에 해당하는데도 불구하고 해당 안건의 심의·의결에서 스스로 회피하지 아니한 위원을 해촉(解囑)할 수 있다.

④ 위원회는 위원장을 포함하여 7명 이상 15명 이내의 위원으로 구성한다.

⑤ 심의위원회는 재적위원의 과반수 찬성으로 심의사항을 의결한다.

5. 공인중개사법령상 공인중개사에 관한 설명으로 옳은 것은?

① 징역형의 집행유예기간이 만료된 날부터 1년이 지난 자는 공인중개사가 될 수 없다.

② 시·도지사는 시험의 합격자 공고일로부터 2개월 이내에 자격증교부대장에 기재한 후 공인중개사자격증을 교부해야 한다.

③ 공인중개사자격증이 못쓰게 되어 재교부를 신청하는 개업공인중개사는 재교부신청서를 중개사무소 소재지를 관할하는 시·도지사에게 제출해야 한다.

④ 국토교통부장관이 공인중개사 자격시험을 시행하려는 경우에는 정책심의위원회의 의결을 미리 거쳐야 한다.

⑤ 부동산 중개업의 육성에 관한 사항은 정책심의위원회의 심의사항에 포함되지 않는다.

6. 공인중개사법령상 개업공인중개사 등의 결격사유에 해당하는 자를 모두 고른 것은?

> ㄱ. 「도로교통법」을 위반하여 금고 1년에 집행유예 2년을 선고받고 집행유예기간이 만료된 자
> ㄴ. 「공인중개사법」을 위반하여 400만원의 과태료처분을 받고 2년이 지난 자
> ㄷ. 업무정지처분을 받은 법인인 개업공인중개사의 업무정지 사유가 발생한 후 처분받기 전에 선임된 임원이었던 자로서 해당 법인의 업무정지기간이 지나지 아니한 자
> ㄹ. 자격정지처분을 받은 날부터 6개월이 지난 자
> ㅁ. 업무정지기간 중에 중개업을 하여 중개사무소 개설등록이 취소된 후 3년이 지나지 아니한 자

① ㄱ, ㄴ, ㅁ　　② ㄱ, ㅁ　　③ ㄴ, ㄷ, ㄹ
④ ㄴ, ㄹ, ㅁ　　⑤ ㄹ, ㅁ

7. 공인중개사법령상 중개사무소 개설등록에 관한 설명으로 옳은 것은 ○, 틀린 것은 ×가 바르게 표시된 것은?

> ㄱ. 공인중개사인 외국인은 등록신청일 전 1년 이내에 시·도지사가 실시하는 실무교육을 받아야 한다.
> ㄴ. 중개사무소 개설등록신청서를 제출하는 때에 인장등록신고를 함께 할 수 있다.
> ㄷ. 법인은 중개사무소 개설등록신청서를 제출할 때 건축물대장을 첨부해야 한다.
> ㄹ. 「건축법」상 사용승인을 받은 건물에는 건축물대장의 기재 여부와 관계없이 중개사무소 개설등록을 할 수 있다.
> ㅁ. 공인중개사인 개업공인중개사가 다른 개업공인중개사인 법인의 임원이 된 경우 등록관청은 6개월의 범위에서 업무정지처분을 할 수 있다.

	ㄱ	ㄴ	ㄷ	ㄹ	ㅁ
①	○	○	×	○	×
②	×	○	×	○	×
③	○	×	○	×	×
④	○	○	×	×	○
⑤	×	○	×	○	○

8. 공인중개사법령에 관한 설명으로 옳은 것은?

① 시·도지사는 둘 이상의 중개사무소에 소속된 소속공인중개사에 대하여 그 공인중개사 자격을 취소해야 한다.

② 개업공인중개사가 「공장 및 광업재단 저당법」에 따른 공장재단의 매매를 중개하고 작성하는 확인·설명서에는 입지조건을 적어야 한다.

③ 법인인 개업공인중개사는 대통령령으로 정하는 기준과 절차에 따라 등록관청에 신고하고 그 관할구역 외의 지역에 분사무소를 둘 수 있다.

④ 개업공인중개사가 중개대상물의 표시·광고를 하는 경우, 중개사무소의 소재지를 명시해야 할 의무가 없다.

⑤ 분사무소 설치신고서는 분사무소 소재지를 관할하는 등록관청에 제출해야 한다.

9. 공인중개사법령상 개업공인중개사의 업무에 관한 설명으로 틀린 것은?

① 공인중개사인 개업공인중개사는 부동산의 이용에 대한 상담을 하고 의뢰인과 합의된 보수를 받을 수 있다.

② 법인인 개업공인중개사는 상업용 건축물의 분양대행을 겸업할 수 있다.

③ 모든 개업공인중개사는 주택의 관리대행을 겸업할 수 있다.

④ 법인이 아닌 모든 개업공인중개사는 경매 대상 부동산의 권리분석 및 취득의 알선을 겸업할 수 있다.

⑤ 공인중개사인 개업공인중개사는 이사업체를 운영할 수 있다.

10. 공인중개사법령상 A군에 중개사무소를 둔 공인중개사인 개업공인중개사 甲과 그가 고용한 중개보조원 乙에 관한 설명으로 옳은 것은?

① 甲은 乙을 고용한 때에는 실무교육을 받도록 한 후 업무개시 전까지 A군수에게 신고해야 한다.

② A군수는 乙을 대상으로 부동산거래사고 예방교육을 실시할 수 없다.

③ 甲이 乙을 고용하고 이를 A군수에게 신고하는 경우 전자문서에 의한 신고서로 제출할 수 없다.

④ 乙이 업무상 고의로 중개의뢰인 丙에게 재산상 손해가 발생한 경우 丙은 甲에게만 손해배상을 청구할 수 있다.

⑤ 乙이 중개보수를 초과하여 받은 사실로 A군수는 甲의 중개사무소 개설등록을 취소할 수 있다.

11. 공인중개사법령상 중개사무소의 설치 및 이전에 관한 설명으로 틀린 것은?

① 개업공인중개사가 중개사무소를 등록관청 관할지역 내로 이전하고 이전신고서를 제출하는 때에는 중개사무소등록증을 첨부해야 한다.

② 법인인 개업공인중개사가 설치한 옥외광고물에는 대표자의 성명을 표기해야 한다.

③ 중개사무소의 이전사실을 신고한 후 지체 없이 간판을 철거하지 아니한 자에 대하여는 100만원 이하의 과태료를 부과한다.

④ 등록관청은 중개사무소 이전신고를 받은 사실을 공인중개사협회에 통보해야 한다.

⑤ 업무정지기간 중이 아닌 개업공인중개사 甲의 중개사무소를 공동으로 사용하기 위해 공인중개사 乙이 중개사무소 개설등록을 신청하는 때에는 甲의 승낙서를 첨부해야 한다.

12. 공인중개사법령상 분사무소에 관한 설명으로 틀린 것은?

① 다른 법률의 규정에 따라 중개업을 할 수 있는 법인의 분사무소의 경우 공인중개사를 책임자로 두지 않아도 된다.

② 등록관청은 법인인 개업공인중개사에 대하여는 분사무소별로 업무의 정지를 명할 수 있다.

③ 분사무소 설치신고를 하는 자는 해당 지방자치단체 조례로 정하는 수수료를 납부해야 한다.

④ 분사무소를 관할지역 외로 이전한 경우, 이전신고를 받은 등록관청은 이전 전의 분사무소를 관할하는 등록관청에 관련서류의 송부를 요청해야 한다.

⑤ 등록관청은 분사무소 이전신고를 받은 때에는 지체 없이 이전 전 및 이전 후의 분사무소 관할 시장·군수 또는 구청장에게 그 사실을 통보해야 한다.

13. 공인중개사법령에 관한 설명으로 옳은 것은?(다툼이 있으면 판례에 따름)

① 지붕 및 기둥을 갖추었으나 주벽이 없는 세차장 구조물은 중개대상물에 포함된다.

② 등록관청은 둘 이상의 중개사무소를 둔 개업공인중개사에게 500만원 이하의 과태료를 부과한다.

③ 공인중개사인 개업공인중개사는 대법원규칙으로 정하는 요건을 갖추어 등록관청에 등록하고 경매대상 부동산에 대한 매수신청대리를 할 수 있다.

④ 아파트의 분양예정자로 선정될 수 있는 지위를 가리키는 입주권은 중개대상물인 건물에 해당한다.

⑤ 「공인중개사법」에 규정된 죄와 다른 죄의 경합범(競合犯)에 대하여 벌금형을 선고하는 경우에는 이를 분리하여 선고해야 한다.

14. 공인중개사법령에 관한 설명으로 옳은 것은?

① 공인중개사인 개업공인중개사가 고용한 중개보조원이 결격사유에 해당된 후 70일 만에 그 사유를 해소한 경우는 등록취소 사유에 해당한다.

② 법인인 개업공인중개사의 인장등록은 「상업등기규칙」에 따른 인감증명서의 제출로 갈음한다.

③ 개업공인중개사가 중개업을 폐업한 때에는 지체 없이 그 사실을 등록관청에 신고해야 한다.

④ 휴업기간의 변경신고서는 전자문서로 제출할 수 없다.

⑤ 질병으로 인한 요양 등 부득이한 사유가 없는 한 휴업기간은 3개월을 초과할 수 없다.

15. 공인중개사법령상 법인인 개업공인중개사가 인터넷을 이용하지 않는 중개대상물의 표시·광고를 하는 경우에 명시해야 할 사항을 모두 고른 것은?

ㄱ. 중개사무소의 명칭	ㄴ. 등록번호
ㄷ. 건축물의 총 층수	ㄹ. 중개사무소의 연락처
ㅁ. 대표자의 성명	ㅂ. 거래형태

① ㄱ, ㄴ, ㄹ, ㅁ　　　　　② ㄱ, ㄴ, ㄷ, ㄹ, ㅁ, ㅂ

③ ㄱ, ㄷ, ㄹ, ㅁ　　　　　④ ㄴ, ㄷ, ㄹ, ㅁ

⑤ ㄷ, ㄹ, ㅁ, ㅂ

16. 공인중개사법령상 중개대상물의 표시·광고 및 모니터링에 관한 설명으로 옳은 것은?

① 중개대상물이 존재하지만 실제로 중개할 의사가 없는 중개대상물에 대한 표시·광고를 한 개업공인중개사에 대하여 국토교통부장관은 500만원 이하의 과태료를 부과한다.

② 등록관청은 인터넷을 이용한 중개대상물에 대한 표시·광고가 부당한 표시·광고 금지의 규정을 준수하는지 여부를 모니터링할 수 있다.

③ 「민법」 제32조에 따라 설립된 비영리법인으로서 인터넷 광고시장 감시와 관련된 업무를 수행하는 법인은 인터넷 표시·광고 모니터링 업무를 위탁받아 업무를 수행할 수 있다.

④ 수시 모니터링 업무는 분기별로 실시하는 모니터링을 말한다.

⑤ 모니터링의 기준, 절차 및 방법 등에 관한 세부적인 사항은 등록관청이 정하여 고시한다.

17. 공인중개사법령에 관한 설명으로 틀린 것은?

① 개업공인중개사가 다른 사람에게 자기의 상호를 사용하여 중개업무를 하게 하는 행위를 알선한 자는 1년 이하의 징역 또는 1천만원 이하의 벌금에 처한다.

② 개업공인중개사는 주택의 임대차계약을 체결하려는 중개의뢰인에게 「주택임대차보호법」에 따라 확정일자부여기관에 정보제공을 요청할 수 있다는 사항을 설명해야 한다.

③ 소속공인중개사를 고용하지 아니한 개업공인중개사는 5명을 초과하여 중개보조원을 고용해서는 안 된다.

④ 등록관청은 중개사무소 개설등록 취소처분을 받고 간판을 철거하지 않은 자에 대하여 「행정대집행법」에 따라 대집행을 할 수 있다.

⑤ 소속공인중개사는 중개업무를 수행하는 경우 중개의뢰인에게 본인이 소속공인중개사라는 사실을 미리 알려야 한다.

18. 공인중개사법령상 X토지를 매도하려는 중개의뢰인 甲과 개업공인중개사 乙의 전속중개계약에 관한 설명으로 옳은 것은?(단, 甲은 정보의 비공개를 요청하지 않았음)

① 乙이 공개해야 할 X토지의 정보에는 권리를 취득함에 따라 부담해야 할 조세의 종류 및 세율이 포함된다.

② 乙은 전속중개계약서에 희망물건의 종류를 적어야 한다.

③ 전속중개계약의 유효기간 내에 다른 개업공인중개사 丙에게 중개를 의뢰하여 거래한 甲은 乙에게 위약금을 지불해야 할 의무가 있다.

④ 乙은 전속중개계약 체결 후 10일 이내에 X토지의 정보를 부동산거래정보망 또는 일간신문에 공개해야 한다.

⑤ 등록관청은 X토지의 정보를 공개하지 아니한 乙의 중개사무소 개설등록을 취소해야 한다.

19. 「공인중개사법 시행규칙」 별지 서식인 토지용 확인·설명서[Ⅲ]에 기재해야 할 사항은 모두 몇 개인가?

ㄱ. 입지조건
ㄴ. 토지이용계획, 공법상 이용제한 및 거래규제에 관한 사항
ㄷ. 비선호시설
ㄹ. 실제권리관계 또는 공시되지 않은 물건의 권리 사항
ㅁ. 환경조건

① 1개   ② 2개   ③ 3개   ④ 4개   ⑤ 5개

20. 공인중개사법령상 중개대상물 확인·설명서 작성에 관한 설명으로 틀린 것은?

① 비주거용 건축물 확인·설명서에는 소음 및 진동을 매도(임대)의뢰인에게 자료를 요구하여 적는다.

② 비주거용 건축물 확인·설명서에는 계약갱신요구권 행사 여부를 적어야 한다.

③ 관리에 관한 사항은 주거용 건축물 및 비주거용 건축물 확인·설명서에 공통으로 기재해야 할 사항이다.

④ 바닥면의 상태는 비주거용 건축물 확인·설명서의 개업공인중개사 세부 확인사항에 적는다.

⑤ 입목·광업재단·공장재단용 확인·설명서의 개업공인중개사 기본 확인사항에는 재단목록 또는 입목의 생육상태를 적어야 한다.

21. 공인중개사법령에 관한 설명으로 틀린 것은?(다툼이 있으면 판례에 따름)

① 중개대상물의 확인·설명은 중개가 완성되기 전에 권리를 취득하려는 중개의뢰인에게 해야 한다.

② 법인인 개업공인중개사의 주된 사무소에서 소속공인중개사가 작성한 확인·설명서에는 대표자와 소속공인중개사가 함께 서명 및 날인해야 한다.

③ 거래계약서가 「전자문서 및 전자거래 기본법」에 따른 공인전자문서센터에 보관된 경우, 개업공인중개사는 거래계약서 사본을 5년 동안 보존해야 한다.

④ 거래계약서에는 중개대상물 확인·설명서 교부일자를 기재해야 한다.

⑤ 개업공인중개사는 중개가 완성된 때에만 거래계약서를 작성하여 교부해야 한다.

22. 개업공인중개사 丙의 중개로 매도인 甲과 매수인 乙 간의 토지의 매매계약이 체결된 후 공인중개사법령상 계약금 등의 반환채무이행을 보장하기 위해 乙이 낸 중도금을 丙의 명의로 금융기관에 예치한 경우에 관한 설명으로 옳은 것은?

① 특별한 약정이 없는 한 중도금의 반환채무이행의 보장과 관련하여 든 실비는 甲이 부담한다.

② 丙은 매매계약 해제의 사유로 인한 중도금의 인출에 대한 甲과 乙의 동의방법을 약정해야 한다.

③ 丙은 예치된 중도금을 자기 소유 예치금과 함께 관리해도 된다.

④ 丙은 甲과 乙의 동의 없이 예치된 중도금을 인출할 수 있다.

⑤ 甲은 매매계약 해제시 중도금의 반환을 보장하는 내용의 금융기관 또는 보증보험회사에서 발행하는 보증서를 乙에게 교부하고 예치된 중도금을 미리 수령할 수 있다.

23. 공인중개사법령상 손해배상책임 및 보증설정에 관한 설명으로 옳은 것은?(다툼이 있으면 판례에 따름)

① 개업공인중개사는 중개가 완성되기 전에 거래당사자에게 손해배상책임의 보장에 관한 보장기간을 설명해야 한다.

② 중개행위에 해당하는지 여부는 개업공인중개사가 진정으로 거래당사자를 위하여 거래를 알선·중개하려는 의사를 갖고 있었는지 여부로 결정해야 한다.

③ 개업공인중개사의 손해배상책임은 가입한 공제의 보장금액을 한도로 한다.

④ 등록관청은 손해배상책임을 보장하기 위한 조치를 이행하지 않고 중개업무를 한 개업공인중개사에 대해 중개사무소 개설등록을 취소할 수 있다.

⑤ 공인중개사자격증을 대여받은 자가 임차의뢰인과 직접 거래당사자로서 임대차계약을 체결하고 공인중개사 명의로 작성된 확인·설명서를 교부한 행위는 중개행위에 해당한다.

24. 공인중개사법령상 개업공인중개사의 행위 가운데 금지행위에 해당하는 것을 모두 고른 것은?(다툼이 있으면 판례에 따름)

> ㄱ. 단체를 구성하여 단체 구성원 이외의 자와 공동중개를 제한하는 행위
> ㄴ. 안내문, 온라인 커뮤니티 등을 이용하여 특정 가격 이하로 중개를 의뢰하지 아니하도록 유도하는 행위
> ㄷ. 임대의뢰인을 대리하여 임차의뢰인과 임대차계약을 체결한 행위
> ㄹ. 상가의 임대차 및 권리금 수수를 중개하고 포괄적으로 지급받은 금원이 중개보수 한도를 초과한 경우
> ㅁ. 일부 중도금이 납부된 아파트 분양권의 매매를 중개하고 총 분양대금에 프리미엄을 합산한 금액을 거래금액으로 하여 중개보수를 받은 경우

① ㄱ, ㄴ, ㅁ   ② ㄱ, ㄷ, ㄹ   ③ ㄴ, ㄹ, ㅁ
④ ㄴ, ㅁ   ⑤ ㄱ, ㄹ

25. 공인중개사법령상 개업공인중개사가 다음의 임대차 계약을 중개하고 임대의뢰인으로부터 받을 수 있는 중개보수 상한액은?

> 건축법령에 따른 오피스텔로서 전용면적이 90제곱미터이며, 상·하수도 시설이 갖추어진 전용입식 부엌, 전용수세식 화장실 및 목욕시설을 갖추었다.
> • 임차보증금 : 1,000만원
> • 월차임 : 40만원

① 152,000원   ② 400,000원   ③ 450,000원
④ 200,000원   ⑤ 342,000원

26. 공인중개사법령상 포상금을 지급받을 수 있는 신고 또는 고발의 대상이 <u>아닌</u> 것은?

① 단체를 구성하여 특정 중개대상물에 대하여 중개를 제한하는 행위를 한 자

② 부정한 방법으로 중개사무소의 개설등록을 한 자

③ 정당한 사유 없이 개업공인중개사 등의 중개대상물에 대한 정당한 표시·광고 행위를 방해하는 행위를 한 자

④ 관계법령의 규정에 의하여 전매 등 권리의 변동이 제한된 부동산의 매매를 중개하는 등 부동산 투기를 조장하는 행위를 한 자

⑤ 개업공인중개사로서 부당한 이익을 얻을 목적으로 거짓으로 거래가 완료된 것처럼 꾸미는 등 중개대상물의 시세에 부당한 영향을 줄 우려가 있는 행위를 한 자

27. 공인중개사법령상 개업공인중개사에 대한 행정처분에 관한 내용으로 <u>틀린</u> 것은?

① 최근 1년 이내에 이 법을 위반하여 과태료처분과 업무정지처분을 각각 1회 받고 다시 과태료처분 사유를 위반한 개업공인중개사에 대하여 등록관청은 6개월의 업무정지처분을 할 수 있다.

② 업무정지사유가 발생한 날부터 2년이 경과한 개업공인중개사에게 등록관청은 업무정지처분을 할 수 있다.

③ 표준서식인 전속중개계약서를 사용하지 않은 사유가 발생한 날부터 6개월 후 폐업을 하였고, 10개월의 폐업기간 경과 후 다시 개설등록을 한 자에 대하여 등록관청은 폐업 전의 위반사유로 업무정지처분을 할 수 없다.

④ 개업공인중개사가 폐업 후 등록관청을 달리하여 다시 중개사무소 개설등록을 한 때에도 폐업 전의 개업공인중개사의 지위를 승계한다.

⑤ 폐업신고 전의 개업공인중개사에 대하여 행한 과태료처분의 효과는 그 처분일부터 10개월이 된 때 재등록 개업공인중개사에게 승계된다.

28. 공인중개사법령상 중개업무를 수행하는 소속공인중개사의 자격정지사유에 해당하지 <u>않는</u> 것은?

① 거래당사자 쌍방을 대리하여 매매계약을 체결한 경우

② 중개행위에 등록하지 아니한 인장을 사용한 경우

③ 서로 다른 둘 이상의 거래계약서를 작성한 경우

④ 중개대상물 확인·설명서를 교부하지 아니한 경우

⑤ 거래계약서에 서명 및 날인을 하지 아니한 경우

29. 공인중개사법령상 과태료의 부과사유와 부과기관의 연결이 옳은 것은 몇 개인가?

> ㄱ. 중개대상물의 가격을 사실과 과장되게 하는 표시·광고를 한 자 – 국토교통부장관
> ㄴ. 성실·정확하게 중개대상물의 확인·설명을 하지 않았으나 설명의 근거자료는 제시한 자 – 등록관청
> ㄷ. 현장안내 등 중개업무를 보조함에 있어서 중개의뢰인에게 중개보조원임을 알리지 아니한 자 – 시·도지사
> ㄹ. 중개대상물의 표시·광고를 함에 있어서 중개사무소 및 개업공인중개사에 관한 사항을 명시하지 아니한 자 – 등록관청
> ㅁ. 휴업한 중개업의 재개신고를 하지 아니한 자 – 등록관청

① 1개   ② 2개   ③ 3개   ④ 4개   ⑤ 5개

30. 공인중개사법령상 벌칙에 관하여 법정형이 다른 것은?

① 개업공인중개사로부터 공개를 의뢰받은 내용과 다르게 정보를 공개한 거래정보사업자
② 개업공인중개사 등에게 중개대상물을 시세보다 현저하게 높게 표시·광고하도록 강요하는 행위를 한 자
③ 이동이 용이한 임시 중개시설물을 설치한 자
④ 허용된 고용인원수를 초과하여 중개보조원을 고용한 자
⑤ 공인중개사자격증의 양수를 알선한 자

31. 부동산 거래신고 등에 관한 법령상 부동산 거래신고에 관한 설명으로 옳은 것은?(매수인이 국가 등인 경우를 제외함)

① 「도시개발법」에 따른 공급계약을 통하여 부동산을 공급받는 자로 선정된 지위의 매매계약은 부동산 거래신고의 대상에 포함되지 않는다.
② 개업공인중개사가 토지의 매매계약을 중개한 때에는 개업공인중개사와 거래당사자는 실제거래가격 등을 신고관청에 공동으로 신고해야 한다.
③ 「공장 및 광업재단 저당법」에 따른 공장재단의 매매계약을 중개한 개업공인중개사는 부동산 거래신고를 해야 한다.
④ 개업공인중개사가 부동산 거래신고를 해야 할 사항에 중개사무소의 상호, 전화번호, 소재지는 포함되지 않는다.
⑤ 수도권에 소재하는 실제 거래가격이 5천만원인 토지 지분의 매매계약을 체결한 매수인은 토지의 취득에 필요한 자금의 조달계획을 신고해야 한다.

32. 부동산 거래신고 등에 관한 법령상 부동산거래신고에 대한 정정신청을 할 수 있는 사유를 모두 고른 것은?

> ㄱ. 부동산 등의 면적
> ㄴ. 대지권 비율
> ㄷ. 거래가격
> ㄹ. 매수인의 성명
> ㅁ. 부동산 등의 소재지·지번

① ㄱ, ㄴ   ② ㄱ, ㄴ, ㅁ   ③ ㄴ, ㄷ
④ ㄷ, ㄹ   ⑤ ㄹ, ㅁ

33. 부동산 거래신고 등에 관한 법령상 개업공인중개사가 부동산 등을 취득하려는 외국인에게 설명한 내용으로 옳은 것은?

① 정부간 기구는 외국인 등에 해당하지 않는다.
② 대한민국 국적을 보유하지 아니한 자가 토지를 증여받은 경우 계약체결일부터 6개월 이내에 신고관청에 신고해야 한다.
③ 대한민국 국적을 보유하지 아니한 자가 토지를 증여받고 신고관청에 제출하는 취득신고서에는 증여계약서를 첨부해야 한다.
④ 외국의 법령에 따라 설립된 단체가 「야생생물 보호 및 관리에 관한 법률」에 따른 야생생물 특별보호구역 내의 토지를 취득하려는 경우에는 계약체결 전에 시·도지사의 허가를 받아야 한다.
⑤ 비정부간 국제기구가 경매로 부동산을 취득하고 이를 신고하지 아니한 경우 300만원 이하의 과태료를 부과한다.

34. 부동산 거래신고 등에 관한 법령상 선매제도에 관한 설명으로 옳은 것은?

① 허가받아 취득한 토지를 허가받은 목적대로 이용하고 있는 토지에 대하여 허가신청이 있는 경우, 그 토지는 선매대상이 된다.
② 선매자로 지정된 자는 지정통지를 받은 날부터 1개월 이내에 매수가격 등 선매조건을 기재한 서면을 토지소유자에게 통지하여 선매협의를 해야 한다.
③ 선매자는 지정 통지를 받은 날부터 1개월 이내에 국토교통부령으로 정하는 바에 따라 선매협의조서를 허가관청에 제출해야 한다.
④ 선매자가 토지를 매수할 때의 가격은 허가신청서에 적힌 가격이 공시지가보다 낮은 경우를 제외하고는 공시지가를 기준으로 한다.
⑤ 허가관청은 선매협의가 이루어지지 아니한 경우에는 지체 없이 불허가처분을 해야 한다.

35. 부동산 거래신고 등에 관한 법령상 토지거래허가구역에 관한 설명으로 옳은 것은?

① 부정한 방법으로 토지거래계약의 허가를 받은 자를 허가관청에 신고한 자는 포상금을 받을 수 있다.

② 농지 외의 토지를 공익사업용으로 협의양도한 자가 대체토지를 취득하기 위하여 허가를 받은 경우 대통령령이 정하는 사유가 있는 경우를 제외하고 토지취득일부터 4년 동안 허가받은 목적대로 이용해야 한다.

③ 허가대상인 토지를 「민사집행법」에 따른 경매로 취득하는 경우에는 토지거래허가 규정을 적용한다.

④ 시장·군수 또는 구청장은 토지거래계약 허가를 받은 자가 허가받은 목적대로 이용하지 아니한 경우 그 허가취소를 명할 수 없다.

⑤ 토지거래계약 허가신청서를 받은 허가관청은 지체 없이 필요한 조사를 하고 신청서를 받은 날부터 30일 이내에 허가·변경허가 또는 불허가 처분을 하여야 한다.

36. 개업공인중개사가 사설묘지 또는 분묘와 관련 있는 토지에 관하여 중개의뢰인에게 설명한 내용으로 틀린 것은? (다툼이 있으면 판례에 따름)

① 개인묘지를 설치할 경우 $30m^2$를 초과해서는 안 된다.

② 가족묘지를 설치·관리하려는 자는 해당 묘지를 관할하는 시장 등의 허가를 받아야 한다.

③ 설치기간이 지난 분묘의 연고자가 설치기간의 연장을 신청하는 경우에는 1회에 한하여 그 설치기간을 30년으로 하여 연장해야 한다.

④ 가족자연장지를 조성한 자는 조성을 마친 후 30일 이내에 관할 시장 등에게 신고해야 한다.

⑤ 토지 소유자의 승낙 없이 다른 사람 소유의 토지에 자연장을 한 자는 해당 토지 소유자에 대하여 자연장의 보존을 위한 권리를 주장할 수 없다.

37. 개업공인중개사가 주택임대차계약을 중개하면서 설명한 내용으로 옳은 것은?(다툼이 있으면 판례에 따름)

① 「은행법」에 따른 은행이 우선변제권 있는 임차인의 보증금반환채권의 일부를 계약으로 양수한 경우 은행은 임차인의 우선변제권 모두를 승계한다.

② 임차인은 임차주택의 경매시 주택을 양수인에게 인도하지 아니하면 우선변제권 행사에 따른 보증금을 받을 수 없다.

③ 확정일자 없이 대항요건만 갖춘 임차인은 임차권등기명령에 따른 임차권 등기를 한 경우 우선변제권을 취득하지 못한다.

④ 임차주택에 대한 적법한 임대권한을 가졌으나 임차주택의 소유자가 아닌 자와 임대차계약을 체결한 임차인은 「주택임대차보호법」의 보호를 받지 못한다.

⑤ 임대차 계약을 체결하려는 자는 임대인의 동의를 받아 확정일자부여기관에 해당 주택의 임대인과 임차인의 인적사항이 기재된 서면의 교부를 요청할 수 있다.

38. 개업공인중개사가 서울 소재 상가건물을 보증금 1천만원, 월차임 55만원에 임대차계약을 중개하면서 임대인 甲과 임차인 乙에게 상가건물 임대차보호법령을 설명한 내용으로 틀린 것은?(다툼이 있으면 판례에 따름)

① 乙은 상가건물에 대한 경매개시결정등기 전에 대항요건을 갖추면 보증금 중 일정액을 담보물권자보다 우선하여 변제받을 수 있다.

② 乙이 甲의 동의 없이 목적 건물의 일부를 전대한 경우 甲은 乙이 신규임차인으로부터 권리금을 지급받지 못하게 할 수 있다.

③ 乙이 계약의 갱신을 요구한 경우 甲은 주변 상가건물의 차임 및 보증금의 변동 등을 이유로 차임의 100분의 5를 초과하여 증액을 청구할 수 있다.

④ 임대차계약을 체결하려는 乙은 甲의 동의를 얻어 관할 세무서장에게 해당 상가건물에 대한 정보의 제공을 요청할 수 있다.

⑤ 甲의 상가건물이 「유통산업발전법」에 따른 준대규모점포의 일부인 경우에는 乙은 권리금 회수기회 보호규정을 적용받지 못한다.

39. 「민사집행법」에 따른 경매에 관한 설명으로 옳은 것은?

① 「민법」, 「상법」 그 밖의 법률에 따라 우선변제권 있는 채권자는 매각결정기일까지 배당요구를 할 수 있다.

② 매각허가결정에 대한 항고를 하는 자는 최저매각가격의 10분의 1에 해당하는 항고보증금을 공탁해야 한다.

③ 배당요구에 따라 매수인이 인수해야 할 부담이 바뀌는 경우라도 배당요구를 한 채권자는 언제든지 이를 철회할 수 있다.

④ 재매각에서는 종전의 최저매각가격 그 밖의 매각조건을 적용한다.

⑤ 공유물 지분이 경매되는 경우 공유자는 매각결정기일까지 보증을 제공하고 최고매수신고가격과 같은 가격으로 채무자의 지분을 우선하여 매수신고 할 수 있다.

40. 공인중개사의 매수신청대리인 등록 등에 관한 규칙에 따라 매수신청대리인으로 등록한 법인인 개업공인중개사 甲에 관한 설명으로 틀린 것은?

① 甲의 대표자가 아닌 사원 또는 임원은 부동산 경매에 관한 실무교육을 받을 의무가 없다.

② 매수신청대리인이 되고자 하는 甲은 4억원 이상의 보증보험 또는 공제에 가입하거나 공탁을 해야 한다.

③ 甲은 위임인으로부터 매수신청대리의 위임을 받아 법원에 인도명령을 신청할 수 있다.

④ 甲은 위임계약을 체결한 때에는 확인·설명 사항을 서면으로 작성하여 공인중개사법령에 따라 중개행위를 위해 등록관청에 등록한 인장을 사용하여 서명날인해야 한다.

⑤ 甲은 중개사무소 개설등록이 취소된 경우 10일 이내에 그 사실을 지방법원장에게 신고해야 한다.

2023년도 제34회 시험대비 THE LAST 모의고사
정지웅 공인중개사법·중개실무

회차	문제수	시험과목
3회	40	공인중개사법·중개실무

수험번호		성명	

【수험자 유의사항】

1. 시험문제지의 **총면수, 문제번호, 일련순서, 인쇄상태** 등을 확인하시고, 문제지 표지에 수험번호와 성명을 기재하시기 바랍니다.

2. 답은 각 문제마다 요구하는 **가장 적합하거나 가까운 답 1개**만 선택하고, 답안카드 작성 시 시험문제지 **마킹착오**로 인한 불이익은 전적으로 **수험자에게 책임**이 있음을 알려드립니다.

3. 답안카드는 국가전문자격 공통 표준형으로 문제번호가 1번부터 125번까지 인쇄되어 있습니다. 답안 마킹 시에는 반드시 **시험문제지의 문제번호와 동일한 번호**에 마킹하여야 합니다.

4. **감독위원의 지시에 불응하거나 시험시간 종료 후 답안카드를 제출하지 않을 경우** 불이익이 발생할 수 있음을 알려드립니다.

5. 시험문제지는 시험 종료 후 가져가시기 바랍니다.

6. 답안작성은 **시험시행일 현재 시행되는 법령 등**을 적용하시기 바랍니다.

7. 가답안 의견제시에 대한 개별회신 및 공고는 하지 않으며, **최종 정답 발표**로 갈음합니다.

8. 시험 중 **중간 퇴실은 불가**합니다. 단, 부득이하게 퇴실할 경우 **시험 포기각서 제출 후 퇴실은 가능**하나 **재입실이 불가**하며, **해당시험은 무효처리됩니다.**

합격까지

공인중개사의 업무 및 부동산 거래신고에 관한 법령 및 중개실무

1. 공인중개사법령의 내용에 관한 설명으로 틀린 것은?(다툼이 있으면 판례에 따름)

① 시·도지사는 공인중개사 시험합격자 공고일부터 1개월 이내에 공인중개사자격증을 교부해야 한다.

② 타인의 의뢰에 의하여 보수를 받고 금전소비대차의 알선에 부수하여 부동산에 대한 저당권의 설정에 관한 행위의 알선을 업으로 한 경우 중개업에 해당한다.

③ 국토교통부장관, 시·도지사 및 등록관청은 개업공인중개사 등이 부동산거래사고 예방 등을 위하여 교육을 받는 경우에는 필요한 비용을 지원할 수 있다.

④ 무자격자에게 토지매매의 중개를 의뢰한 거래당사자는 처벌의 대상이 되지 않는다.

⑤ 중개행위인지의 여부는 개업공인중개사가 진정으로 거래당사자를 위하여 거래를 알선·중개하려는 의사를 갖고 있었는지를 기준으로 판단한다.

2. 공인중개사법령상 개업공인중개사의 중개대상인 권리 및 대상물이 <u>아닌</u> 것을 모두 고른 것은?(다툼이 있으면 판례에 따름)

> ㄱ. 법정지상권이 성립된 토지
> ㄴ. 아파트의 분양예정자로 선정될 수 있는 지위를 가리키는 데에 불과한 입주권
> ㄷ. 영업용 건물의 영업시설, 비품
> ㄹ. 등기된 환매권
> ㅁ. 지붕과 기둥 및 주벽을 갖춘 미등기 건물

① ㄱ, ㄴ ② ㄱ, ㄷ, ㄹ ③ ㄴ, ㄷ
④ ㄴ, ㄹ, ㅁ ⑤ ㄹ, ㅁ

3. 공인중개사법령에 관한 설명으로 옳은 것을 모두 고른 것은?(다툼이 있으면 판례에 따름)

> ㄱ. 소속공인중개사의 인장등록은 전자문서에 의하여 할 수 있다.
> ㄴ. 일반중개계약은 법령에 규정된 표준서식에 따라야 한다.
> ㄷ. 휴업기간 중인 개업공인중개사는 다른 개업공인중개사인 법인의 임원이 될 수 있다.
> ㄹ. 소속공인중개사로 외국인을 고용하고 등록관청에 제출하는 고용신고서에는 공인중개사자격증 사본을 첨부해야 한다.

① ㄱ, ㄹ ② ㄱ ③ ㄴ, ㄷ
④ ㄹ ⑤ ㄷ, ㄹ

4. 공인중개사법령상 교육제도에 관한 설명으로 틀린 것은?

① 정당한 사유 없이 실무교육을 받지 아니한 자에게는 500만원 이하의 과태료를 부과한다.

② 중개보조원은 고용신고일 전 1년 이내에 직무교육을 받아야 한다.

③ 국토교통부장관은 중개보조원을 대상으로 부동산거래사고 예방을 위한 교육을 실시할 수 있다.

④ 직무교육 시간은 3시간 이상 4시간 이내로 한다.

⑤ 직무교육은 등록관청이 실시할 수 있다.

5. 공인중개사법령상 등록의 결격사유에 해당하는 자는?

① 업무정지처분을 받고 폐업신고를 한 후 1년이 지난 자

② 법인인 개업공인중개사의 해산을 이유로 중개사무소 개설등록이 취소되고 3년이 지나지 아니한 법인의 대표자이었던 자

③ 중개사무소 개설등록 기준에 미달하여 중개사무소 개설등록이 취소된 후 3년이 지나지 아니한 자

④ 「형법」상 사문서 행사의 죄로 300만원의 벌금형을 선고받고 3년이 지나지 아니한 자

⑤ 「도로교통법」을 위반하여 금고형의 집행유예를 선고받고 집행유예기간이 종료된 날부터 1년이 지난 자

6. 공인중개사법령상 법인인 개업공인중개사가 겸업할 수 있는 업무를 모두 고른 것은?

> ㄱ. 상업용 건축물의 관리대행
> ㄴ. 택지의 분양대행
> ㄷ. 부동산의 개발에 관한 상담
> ㄹ. 소속공인중개사를 대상으로 한 중개업의 경영기법 제공
> ㅁ. 중개의뢰인의 의뢰에 따른 주거이전에 부수되는 용역의 알선

① ㄱ, ㄴ, ㄷ ② ㄱ, ㄴ, ㄹ ③ ㄱ, ㄷ, ㅁ
④ ㄴ, ㄷ, ㄹ ⑤ ㄷ, ㄹ, ㅁ

7. 공인중개사법령상 중개대상물의 표시·광고와 관련하여 과태료 부과기준에 해당하지 <u>않는</u> 것을 모두 고른 것은?

> ㄱ. 개업공인중개사가 중개대상물의 가격을 사실과 다르게 거짓으로 표시·광고하는 행위
>
> ㄴ. 정당한 사유 없이 개업공인중개사 등의 중개대상물에 대한 정당한 표시·광고 행위를 방해하는 행위
>
> ㄷ. 개업공인중개사가 중개대상물의 표시·광고에 중개보조원을 명시한 행위
>
> ㄹ. 중개대상물이 존재하지만 실제로 중개할 의사가 없는 중개대상물에 대한 표시·광고를 하는 행위
>
> ㅁ. 개업공인중개사가 아닌 자가 중개업을 하기 위하여 중개대상물에 대한 표시·광고를 하는 행위

① ㄱ, ㄷ, ㄹ　　　② ㄱ, ㄹ　　　③ ㄴ, ㄷ, ㅁ
④ ㄴ, ㅁ　　　⑤ ㄴ, ㄹ, ㅁ

8. 공인중개사법령상 개업공인중개사가 인터넷을 이용하여 건축물의 표시·광고를 하는 때에 명시해야 할 사항이 <u>아닌</u> 것은?

① 관리비
② 개업공인중개사의 성명
③ 벽면·바닥면 및 도배의 상태
④ 중개대상물의 소재지
⑤ 건축물의 총 층수

9. 공인중개사법령에 관한 설명으로 옳은 것을 모두 고른 것은?

> ㄱ. 개업공인중개사는 중개사무소 안의 보기 쉬운 곳에 소속공인중개사의 공인중개사자격증 사본을 게시해야 한다.
>
> ㄴ. 법인인 개업공인중개사의 주된 중개사무소에는 대표자, 사원 또는 임원 전원의 실무교육 수료증을 게시해야 한다.
>
> ㄷ. 기본 모니터링 업무는 모니터링 기본계획서에 따라 분기별로 실시하는 모니터링을 말한다.
>
> ㄹ. 모니터링 기관은 수시 모니터링 업무를 수행한 경우 해당 업무에 따른 결과보고서를 업무를 완료한 날부터 30일 이내에 국토교통부장관에게 제출해야 한다.

① ㄱ, ㄴ, ㄷ　　　② ㄷ　　　③ ㄴ
④ ㄱ, ㄴ, ㄷ, ㄹ　　　⑤ ㄴ, ㄹ

10. 공인중개사법령상 중개계약에 관한 설명으로 옳은 것은?

① 법령에는 전속중개계약서 표준서식을 정하고 있으나 개업공인중개사는 이를 사용할 의무는 없다.
② 전속중개계약의 유효기간은 당사자 간의 별도의 약정이 없는 한 6개월로 한다.
③ 개업공인중개사는 중개의뢰인의 비공개 요청이 없는 한 전속중개계약 체결 후 7일 이내에 부동산거래정보망 또는 일간신문에 중개대상물에 관한 정보를 공개해야 한다.
④ 일반중개계약을 체결한 개업공인중개사는 중개의뢰인에게 업무처리상황을 2주일에 1회 이상 문서로 통지해야 한다.
⑤ 개업공인중개사는 작성한 일반중개계약서를 3년 동안 보존해야 한다.

11. 공인중개사법령상 토지용 확인·설명서를 작성하는 경우 기재해야 할 사항이 <u>아닌</u> 것은?

① 일조량
② 용도지역·용도지구·용도구역
③ 실제권리관계 또는 공시되지 아니한 물건의 권리
④ 비선호시설
⑤ 도로, 대중교통

12. 공인중개사법령상 개업공인중개사가 주거용 건축물 임대차를 중개하고 작성하는 중개대상물 확인·설명서[Ⅰ]에 관한 설명으로 <u>틀린</u> 것은?

① 민간임대 등록 여부는 개업공인중개사 기본확인사항에 적는다.
② 다가구주택 확인서류 제출 여부는 개업공인중개사 기본확인사항에 적는다.
③ 개별공시지가 및 건물(주택)공시가격은 기재를 생략할 수 있다.
④ 계약 전 소유권 변동 여부는 '실제권리관계 또는 공시되지 아니한 물건의 권리'에 기재한다.
⑤ 건폐율 상한 및 용적률 상한은 시·군 조례를 확인하여 적어야 한다.

13. 공인중개사법령상 중개대상물 확인·설명서에 명시된 기재사항으로 <u>틀린</u> 것은?

① 주거용 건축물 : 단독경보형 감지기
② 비주거용 건축물 : 바닥면
③ 비주거용 건축물 : 관리에 관한 사항
④ 입목·광업재단·공장재단용 : 토지이용계획, 공법상 이용제한 및 거래규제
⑤ 토지용 : 개별공시지가(m^2당)

14. 개업공인중개사는 계약금 등을 대통령령이 정하는 자의 명의로 금융기관 등에 예치하도록 거래당사자에게 권고할 수 있는데, 그 명의자에 속하는 것을 모두 고른 것은?

> ㄱ. 부동산 거래계약의 이행을 보장하기 위하여 계약금·중도금·잔금 및 계약 관련 서류를 관리하는 업무를 수행하는 전문회사
> ㄴ. 「우체국예금·보험에 관한 법률」에 따른 체신관서
> ㄷ. 공제사업을 하는 공인중개사협회
> ㄹ. 「자본시장과 금융투자업에 관한 법률」에 따른 신탁업자

① ㄱ   ② ㄴ, ㄷ   ③ ㄴ, ㄹ
④ ㄴ, ㄷ, ㄹ   ⑤ ㄱ, ㄴ, ㄷ, ㄹ

15. 공인중개사법령상 거래계약서 및 중개대상물 확인·설명서에 관한 설명으로 옳은 것을 모두 고른 것은?(다툼이 있으면 판례에 따름)

> ㄱ. 국토교통부장관은 개업공인중개사가 작성하는 거래계약서의 표준서식을 정하여 그 사용을 권장할 수 있다.
> ㄴ. 개업공인중개사가 서명 및 날인을 해야 하는 '확인·설명서'에는 개업공인중개사가 보존하는 중개대상물 확인·설명서가 포함된다.
> ㄷ. 거래계약서에는 중개보수 및 실비의 금액과 그 산출내역을 기재해야 한다.
> ㄹ. 등록관청은 개업공인중개사가 거래계약서에 거래금액을 거짓으로 기재한 경우 중개사무소 개설등록을 취소해야 한다.

① ㄱ   ② ㄱ, ㄴ   ③ ㄷ
④ ㄴ, ㄷ   ⑤ ㄴ, ㄹ

16. 공인중개사법령상 개업공인중개사의 금지행위에 해당하지 **않는** 것은?(다툼이 있으면 판례에 따름)

① 안내문, 온라인 커뮤니티 등을 이용하여 특정 개업공인중개사 등에 대한 중개의뢰를 제한하거나 제한을 유도하는 행위
② 관계법령에서 양도를 금지하고 있는 부동산의 분양과 관련 있는 증서의 매매를 업으로 한 행위
③ 임대의뢰인과 임차의뢰인 모두로부터 위임을 받아 주택임대차계약을 체결한 행위
④ 매도인으로부터 매도의뢰 받은 다른 개업공인중개사의 중개로 토지를 매수한 행위
⑤ 제3자에게 부당한 이익을 얻게 할 목적으로 거짓으로 거래가 완료된 것처럼 꾸미는 등 중개대상물의 시세에 부당한 영향을 주거나 줄 우려가 있는 행위

17. 공인중개사법령상 부동산거래질서교란행위 신고센터에 관한 설명으로 옳은 것은?

① 국토교통부장관은 신고센터의 업무를 공인중개사협회에 위탁한다.
② 누구든지 「부동산 거래신고 등에 관한 법률」에 따라 부동산 거래신고를 거짓으로 한 자를 신고센터에 신고할 수 있다.
③ 신고센터에 부동산거래질서교란행위를 신고하기 위해 제출하는 서면에는 신고인의 인적사항을 기재하지 않아도 된다.
④ 신고센터의 조사 요구를 받은 등록관청은 신속하게 조사를 완료하고 완료한 날부터 10일 이내에 그 결과를 국토교통부장관에게 통보해야 한다.
⑤ 신고센터는 신고내용이 명백히 거짓인 경우 단독으로 신고내용의 처리를 종결할 수 있다.

18. 공인중개사법령상 손해배상책임의 보장에 관한 설명으로 **틀린** 것은?(다툼이 있으면 판례에 따름)

① 공탁금은 개업공인중개사가 폐업 또는 사망한 날부터 3년 이내에는 회수하지 못한다.
② 공탁으로 보증을 설정한 개업공인중개사는 중개가 완성된 때 거래당사자에게 공탁기관 및 그 소재지를 설명해야 한다.
③ 다른 법률의 규정에 따라 중개업을 할 수 있는 경우에는 중개업무를 개시하기 전에 보장금액 2천만원 이상의 보증을 설정하고 그 증명서류를 갖추어 등록관청에 신고해야 한다.
④ 개업공인중개사는 보증보험금 또는 공제금으로 손해배상을 한 때에는 15일 이내에 보증보험 또는 공제에 다시 가입하거나 공탁을 해야 한다.
⑤ 개업공인중개사는 중개사무소 개설등록 이전에 손해배상책임을 보장하기 위하여 보증보험 또는 공제에 가입하거나 공탁을 해야 한다.

19. 공인중개사법령상 중개보수 및 실비에 관한 설명으로 옳은 것은?(다툼이 있으면 판례에 따름)

① 동일한 중개대상물에 대하여 동일 당사자 간에 매매를 포함한 둘 이상의 거래가 동일 기회에 이루어지는 경우에는 매매계약에 관한 거래금액만을 적용하여 중개보수를 받아야 한다.
② 교환계약의 경우에는 교환대상 중개대상물 중 거래금액이 적은 중개대상물의 가액을 거래금액으로 한다.
③ 개업공인중개사의 과실로 거래당사자 간의 거래계약이 해제된 경우에도 중개보수의 청구권은 인정된다.
④ 계약금 등의 반환채무이행 보장에 소요되는 실비의 경우에는 매도·임대 그 밖의 권리를 이전하고자 하는 중개의뢰인에게 받을 수 있다.
⑤ 중개대상물의 소재지와 중개사무소의 소재지가 다른 경우에는 중개대상물 소재지를 관할하는 시·도 조례로 정한 기준에 따라 중개보수를 받아야 한다.

20. 공인중개사법령상 부동산거래정보망에 관한 설명으로 틀린 것은?

① 부동산거래정보망 가입·이용신청서에는 가입한 개업공인중개사의 중개사무소등록증 사본을 첨부해야 한다.

② 국토교통부장관은 운영규정을 위반하여 정보망을 운영한 거래정보사업자에 대하여 500만원 이하의 과태료를 부과한다.

③ 개업공인중개사가 중개대상물의 정보를 거짓으로 공개한 경우 등록관청은 중개사무소 개설등록을 취소할 수 있다.

④ 거래정보사업자로 지정받은 자는 지정받은 날부터 3개월 이내에 부동산거래정보망의 이용 및 정보제공방법 등에 관한 운영규정을 정하여 국토교통부장관의 승인을 얻어야 한다.

⑤ 거래정보사업자가 승인받아야 하는 운영규정에는 가입자에 대한 회비 및 그 징수에 관한 사항을 정해야 한다.

21. 공인중개사법령상 甲과 乙이 받을 수 있는 포상금의 최대 금액은?

> ㄱ. 甲은 중개사무소등록증을 대여한 A를 고발하였으며, 검사는 A를 기소유예 처분하였다.
> ㄴ. 乙은 단체를 구성하여 단체 구성원 이외의 자와 공동중개를 제한하는 행위를 한 B를 신고하였으며, B는 형사재판에서 징역형의 집행유예를 선고받았다.
> ㄷ. 甲과 乙은 포상금배분에 관한 합의 없이 중개사무소를 부정하게 등록한 C를 공동으로 고발하였고 C는 형사재판에서 무죄판결을 받았다.
> ㄹ. 개업공인중개사가 아닌 자로서 중개대상물의 표시·광고를 한 D를 乙이 신고한 이후에 甲도 D를 신고하였고, D는 형사재판에서 유죄판결을 받았다.
> ㅁ. A, C, D는 甲 또는 乙의 위 신고 또는 고발 전에 행정기관에 의해 발각되지 않았으나, B는 신고 또는 고발 전에 행정기관에 의해 미리 발각된 자이다.

① 甲＝75만원, 乙＝125만원
② 甲＝125만원, 乙＝75만원
③ 甲＝50만원, 乙＝75만원
④ 甲＝75만원, 乙＝75만원
⑤ 甲＝75만원, 乙＝50만원

22. 공인중개사법령상 공제사업에 관한 설명으로 틀린 것은?

① 운영위원회 위원장은 국토교통부장관이 임명한다.

② 임기가 제한된 운영위원회 위원의 임기는 2년으로 하되, 1회에 한하여 연임할 수 있다.

③ 재무건전성 기준이 되는 지급여력비율은 100분의 100 이상을 유지해야 한다.

④ 국토교통부장관은 재무건전성 기준에 관하여 필요한 세부기준을 정할 수 있다.

⑤ 책임준비금의 적립비율은 공제사고 발생률 및 공제금 지급액 등을 종합적으로 고려하여 정하되, 공제료 수입액의 100분의 10 이상으로 정한다.

23. 공인중개사법령상 지방자치단체의 조례가 정하는 바에 따라 수수료를 납부해야 하는 것을 모두 고른 것은?

> ㄱ. 분사무소 설치신고를 하는 자
> ㄴ. 중개사무소의 개설등록을 신청하는 자
> ㄷ. 공인중개사자격증을 처음으로 교부받는 자
> ㄹ. 분사무소설치신고확인서의 재교부를 신청하는 자
> ㅁ. 중개업의 폐업신고를 하는 자

① ㄱ, ㄴ, ㄹ
② ㄱ, ㄴ, ㅁ
③ ㄱ, ㄷ, ㄹ
④ ㄴ, ㄷ, ㅁ
⑤ ㄷ, ㄹ, ㅁ

24. 공인중개사법령상 공인중개사의 자격을 취소해야 하는 사유를 모두 고른 것은?

> ㄱ. 자격정지기간 중에 중개업무를 한 자
> ㄴ. 둘 이상의 중개사무소에 소속된 자
> ㄷ. 공인중개사의 직무와 관련하여 「형법」상 사기죄로 500만원의 벌금형을 선고받은 자
> ㄹ. 「공인중개사법」을 위반하여 징역형의 집행유예를 선고받은 자
> ㅁ. 다른 사람에게 자기의 성명을 사용하여 중개업무를 하게 한 자

① ㄱ, ㄷ, ㄹ, ㅁ
② ㄱ, ㄹ, ㅁ
③ ㄴ, ㄷ, ㄹ
④ ㄴ, ㄷ, ㅁ
⑤ ㄷ, ㄹ

25. 공인중개사법령상 등록관청이 중개사무소 개설등록을 취소해야 하는 사유가 <u>아닌</u> 것은?

① 이중으로 중개사무소의 개설등록을 한 경우

② 허용된 인원수를 초과하여 중개보조원을 고용한 경우

③ 둘 이상의 중개사무소를 둔 경우

④ 중개사무소등록증을 대여한 경우

⑤ 자격정지처분을 받은 소속공인중개사로 하여금 자격정지기간 중에 중개업무를 하게 한 경우

26. 공인중개사법령에 관한 설명으로 틀린 것은?

① 시·도지사는 자격취소처분을 한 사실을 다른 시·도지사에게 통지해야 한다.

② 등록관청이 업무정지처분을 하는 경우에는 청문을 실시하지 않아도 된다.

③ 자격정지처분을 받은 날부터 6개월이 경과한 공인중개사는 법인인 개업공인중개사의 임원이 될 수 있다.

④ 업무정지처분은 그에 해당하는 사유가 발생한 날부터 3년이 경과한 때에는 이를 할 수 없다.

⑤ 자격취소처분을 받은 공인중개사인 개업공인중개사는 중개사무소의 소재지를 관할하는 시·도지사에게 자격증을 반납해야 한다.

27. 공인중개사법령상 개업공인중개사의 업무정지 사유와 중개업무를 수행하는 자격정지의 사유에 공통으로 속하는 사유를 모두 고른 것은?

> ㄱ. 서로 다른 둘 이상의 거래계약서를 작성한 경우
> ㄴ. 거래계약서에 서명 및 날인하지 아니한 경우
> ㄷ. 중개대상물 확인·설명서를 교부하지 아니한 경우
> ㄹ. 중개대상물의 매매를 업으로 한 경우
> ㅁ. 중개대상물 확인·설명을 함에 있어서 설명의 근거자료를 제시하지 아니한 경우

① ㄱ, ㄴ, ㄹ   ② ㄴ   ③ ㄴ, ㅁ
④ ㄴ, ㄹ, ㅁ   ⑤ ㄷ, ㄹ

28. 개업공인중개사 丙은 A광역시 B군에 소재하는 甲 소유의 X건물을 乙이 보증금 3천만원, 월차임 50만원에 주거용으로 임차하는 계약을 중개하고 임대차 계약서를 작성하였다. 부동산 거래신고 등에 관한 법령상 주택 임대차 계약의 신고에 관하여 丙이 설명한 내용으로 옳은 것은? (단, 甲은 지방자치단체이며 乙은 자연인임)

① 甲과 乙이 체결한 임대차 계약은 신고대상에 포함되지 않는다.

② 甲이 임대차 신고서에 단독으로 서명 또는 날인해 B군 군수에게 제출해야 한다.

③ 甲과 乙은 임대차 계약을 체결한 날부터 30일 이내에 공동으로 B군 군수에게 임대차 계약의 신고를 해야 한다.

④ 甲과 乙이 주택 임대차 계약의 신고를 한 경우, 乙은「주민등록법」에 따라 전입신고를 한 것으로 본다.

⑤ 주택 임대차 계약을 신고한 후 차임을 증액한 경우에는 이를 신고할 의무가 없다.

29. 부동산 거래신고 등에 관한 법령상 토지거래계약의 허가 또는 불허가 처분에 관한 설명으로 옳은 것은?

① 일단(一團)의 토지이용을 위하여 토지거래계약을 체결한 날부터 3년 이내에 일단의 토지 일부에 대하여 토지거래계약을 체결한 경우에는 그 일단의 토지 전체에 대한 거래로 본다.

② 허가관청은 허가 신청자가 취득하려는 토지의 면적이 토지의 이용목적으로 보아 적합하지 아니하다고 인정되는 경우에도 허가해야 한다.

③ 허가대상 토지에 대하여 매매계약을 체결하려는 당사자는 공동으로 허가구역을 관할하는 시·도지사의 허가를 받아야 한다.

④ 「주택법」에 따른 사업계획의 승인을 받아 조성한 대지를 공급하는 경우에는 토지거래계약의 허가에 대한 규정을 적용하지 아니한다.

⑤ 불허가처분을 받은 자는 그 통지를 받은 날부터 1개월 이내에 시·도지사에게 해당 토지에 관한 권리의 매수를 청구할 수 있다.

30. 부동산 거래신고 등에 관한 법령상 부동산 거래신고에 관한 설명으로 옳은 것을 모두 고른 것은?

> ㄱ. 「지방공기업법」에 따른 지방공단과 개인이 직접 매매계약을 체결한 경우 거래당사자는 공동으로 부동산 거래신고를 해야 한다.
>
> ㄴ. 국토교통부장관은 부동산 거래신고를 받은 내용의 확인을 위하여 신고내용조사를 직접 실시할 수 있다.
>
> ㄷ. 개업공인중개사의 위임을 받은 소속공인중개사가 부동산거래계약 신고서의 제출을 대행하는 경우, 소속공인중개사는 신분증명서를 신고관청에 보여주어야 한다.
>
> ㄹ. 개업공인중개사가 부동산 거래신고를 하고 신고필증을 발급받을 때 매수인은 「부동산등기 특별조치법」에 따른 검인을 받은 것으로 본다.
>
> ㅁ. 개업공인중개사가 「공인중개사법」에 따라 거래계약서를 작성·교부한 경우, 거래당사자는 계약체결일부터 30일 이내에 부동산 거래신고를 해야 한다.

① ㄱ, ㄴ, ㄷ   ② ㄱ, ㄴ, ㄹ   ③ ㄱ, ㄷ, ㅁ
④ ㄴ, ㄷ, ㄹ   ⑤ ㄷ, ㄹ, ㅁ

31. 부동산 거래신고 등에 관한 법령상 「주택법」상 조정대상지역에 소재하는 소유 X주택을 乙이 5억원에 매수하는 계약을 체결하고 甲과 乙이 신고 또는 별지로 첨부해야 할 사항을 모두 고른 것은?(단, 甲은 법인, 乙은 자연인이며 국가 등이 아님)

> ㄱ. 甲 법인의 등기현황 및 甲과 乙 간의 관계
> ㄴ. 계약의 기한이 있는 경우에는 그 기한
> ㄷ. X주택의 권리관계
> ㄹ. 乙의 자금의 조달계획을 증명하는 서류
> ㅁ. X주택에 乙이 입주할지 여부, 입주 예정 시기 등 주택의 이용계획

① ㄱ, ㄴ, ㄷ   ② ㄱ, ㄴ, ㄹ, ㅁ   ③ ㄱ, ㄴ, ㅁ
④ ㄷ, ㄹ, ㅁ   ⑤ ㄴ, ㅁ

32. 부동산 거래신고 등에 관한 법령상 개업공인중개사가 대한민국 안의 부동산을 취득하고자 하는 외국인에게 설명한 내용으로 틀린 것은?

① 준정부간 기구는 외국인 등에 포함된다.

② 사원 또는 구성원의 2분의 1이 대한민국 국적을 보유하지 않은 자로 구성된 법인은 외국인 등에 포함된다.

③ 외국정부가 「문화재보호법」에 따른 문화재보호구역 내의 토지를 취득하려는 경우에는 계약체결 전에 신고관청으로부터 허가를 받아야 한다.

④ 외국인 등이 토지의 임대차계약을 하는 경우에는 부동산 거래신고 등에 관한 법령이 적용되지 않는다.

⑤ 국제연합의 산하기구가 건축물의 개축을 원인으로 부동산을 취득한 때에는 취득한 날부터 60일 이내에 신고관청에 신고해야 한다.

33. 부동산 거래신고 등에 관한 법령상 토지거래허가구역의 지정에 관한 설명으로 틀린 것은?

① 허가구역이 둘 이상의 시·도에 걸쳐 있는 경우에는 국토교통부장관이 허가구역을 지정한다.

② 국가가 관련 법령에 따른 개발사업을 시행하고 해당지역의 지가변동률이 인근지역에 비해 급격히 상승할 우려가 있는 지역인 경우에는 허가구역이 동일한 시·도 안의 일부지역이더라도 국토교통부장관이 허가구역을 지정할 수 있다.

③ 국토교통부장관은 허가구역을 지정하려면 중앙도시계획위원회의 심의 전에 시·도지사 및 시장·군수 또는 구청장의 의견을 들어야 한다.

④ 시·도지사는 허가구역을 지정·공고한 때에는 이를 국토교통부장관, 시장·군수 또는 구청장에게 통지해야 한다.

⑤ 허가구역의 지정·공고 내용을 통지받은 시장·군수 또는 구청장은 지체 없이 그 공고내용을 그 허가구역을 관할하는 등기소의 장에게 통지해야 한다.

34. 부동산 거래신고 등에 관한 법령상 신고 또는 신청 중 전자문서를 제출하는 방법으로 할 수 있는 것을 모두 고른 것은?

> ㄱ. 부동산거래계약의 해제등신고서
> ㄴ. 토지거래계약 허가 신청서
> ㄷ. 주택 임대차 계약 신고서
> ㄹ. 외국인 등의 부동산 등 취득·계속보유 신고서
> ㅁ. 허가관청의 불허가 처분에 따른 토지매수청구서

① ㄱ, ㄴ, ㄷ, ㄹ, ㅁ   ② ㄱ, ㄴ, ㄷ, ㄹ
③ ㄱ, ㄴ, ㄷ   ④ ㄱ, ㄴ
⑤ ㄱ

35. 부동산 거래신고 등에 관한 법령상 신고포상금 지급대상에 해당하는 위반행위를 한 자를 모두 고른 것은?

> ㄱ. 신고의무자가 아닌 자로서 부동산 등의 실제 거래가격을 거짓으로 신고한 자
> ㄴ. 부동산 매매계약에 관하여 개업공인중개사에게 거짓으로 신고하도록 요구한 자
> ㄷ. 부동산 등의 매매계약을 체결하지 아니하였음에도 불구하고 거짓으로 부동산 거래신고를 한 자
> ㄹ. 주택 임대차 계약의 보증금·차임 등 계약금액을 거짓으로 신고한 자
> ㅁ. 부동산 매매계약에 관하여 부동산의 실제 거래가격을 거짓으로 신고하도록 조장한 자

① ㄱ, ㄴ, ㄷ ② ㄱ, ㄷ, ㄹ ③ ㄴ, ㄷ, ㄹ
④ ㄴ, ㄹ, ㅁ ⑤ ㄷ, ㄹ, ㅁ

36. 부동산 거래신고 등에 관한 법령상 토지거래계약의 허가를 받아 취득한 토지에 대한 이용의무기간의 연결이 틀린 것은?

① 농업인이 농업을 영위하기 위한 목적으로 허가를 받은 경우에는 토지의 취득일부터 2년

② 농지 외의 토지를 공공사업용으로 협의양도하거나 수용된 자가 대체토지를 취득하기 위하여 허가를 받은 경우에는 토지취득일부터 4년

③ 농업인 등이 축산업·임업 또는 어업을 영위하기 위한 목적으로 허가를 받은 경우에는 토지의 취득일부터 2년

④ 개발·이용행위가 제한 또는 금지된 토지로서 현상보존의 목적으로 토지를 취득하기 위하여 허가를 받은 경우에는 토지취득일부터 5년

⑤ 자기 거주용 주택용지로 이용하고자 허가를 받은 경우에는 토지취득일부터 2년

37. 개업공인중개사 丙이 A도 B군에 소재한 甲 소유의 X주택을 乙이 임차하는 계약을 중개하고 주택임대차보호법령에 관하여 설명한 내용으로 틀린 것은?(다툼이 있으면 판례에 따름)

① 甲의 자녀가 목적 주택에 실제 거주하려는 경우 甲은 乙의 갱신요구를 거절할 수 있다.

② 임대차 기간이 끝난 후 乙이 보증금을 반환받기 위해 X주택을 점유하고 있으면 甲의 보증금반환채권에 대한 소멸시효는 진행하지 않는다.

③ 甲과 乙의 계약이 묵시적으로 갱신된 경우 乙은 언제든지 甲에게 임대차 계약을 해지를 통지할 수 있다.

④ 乙의 계약갱신요구에 의하여 갱신된 임대차 기간은 2년으로 보며 그 기간 중 乙은 甲에게 임대차 계약을 해지할 수 없다.

⑤ A도는 관할구역 내의 지역별 임대차 시장 여건 등을 고려하여 20분의 1 범위에서 증액청구의 상한을 조례로 달리 정할 수 있다.

38. 개업공인중개사가 부동산경매에 관하여 의뢰인에게 설명한 내용으로 옳은 것은?

① 기일입찰에서 매수신청의 보증금액은 매수신고가격의 10분의 1로 한다.

② 차순위매수신고는 그 신고액이 최고가매수신고액에서 그 보증액을 뺀 금액을 넘는 때에만 할 수 있다.

③ 매수인은 매각대금이 지급되어 법원사무관 등이 소유권이전등기를 촉탁한 때에 매각의 목적인 권리를 취득한다.

④ 매각허가결정이 확정되면 매수인은 법원이 정한 대금지급기일에 매각대금을 지급해야 한다.

⑤ 재매각절차에서 전(前)의 매수인은 매수신청을 할 수 있다.

39. 공인중개사의 매수신청대리인 등록 등에 관한 규칙상의 매수신청대리인에 관한 설명으로 틀린 것은?

① 법원행정처장은 매수신청대리업무에 관하여 협회를 감독한다.

② 지방법원장은 매수신청대리업무에 대한 감독의 사무를 지원장과 협회의 시·도지부에 위탁할 수 있다.

③ 지방법원장은 매수신청대리업의 폐업신고를 한 개업공인중개사에 대하여 매수신청대리인 등록을 취소해야 한다.

④ 지방법원장은 등록 후 매수신청대리 등록요건을 갖추지 못하게 된 개업공인중개사에 대하여 매수신청대리인 등록을 취소해야 한다.

⑤ 지방법원장은 중개업의 휴업신고를 한 개업공인중개사에 대하여 기간을 정하여 매수신청대리업무를 정지하는 처분을 하여야 한다.

40. 공인중개사의 매수신청대리인 등록 등에 관한 규칙에 따라 개업공인중개사가 지방법원장에게 신고해야 할 사항에 해당하지 않는 것은?

① 중개사무소를 이전한 경우
② 중개업을 휴업한 경우
③ 공인중개사 자격이 취소된 경우
④ 공인중개사 자격이 정지된 경우
⑤ 소속공인중개사를 고용한 경우

2023년도 제34회 시험대비 THE LAST 모의고사
정지웅 공인중개사법·중개실무

회차	문제수	시험과목
1회	40	공인중개사법·중개실무

수험번호		성명	

【정답 및 해설】

공인중개사의 업무 및 부동산 거래신고에 관한 법령 및 중개실무

1. ⑤	2. ②	3. ①	4. ④	5. ③	6. ④	7. ①	8. ③
9. ⑤	10. ③	11. ④	12. ②	13. ①	14. ③	15. ⑤	16. ③
17. ②	18. ④	19. ⑤	20. ①	21. ③	22. ④	23. ①	24. ⑤
25. ②	26. ①	27. ⑤	28. ⑤	29. ①	30. ②	31. ⑤	32. ④
33. ②	34. ②	35. ③	36. ④	37. ⑤	38. ①	39. ④	40. ②

〈문제분석 및 총평〉

■ 체감난이도 : 중상

■ 문항분석

난이도 하 10문항	하나도 틀리지 말 것
	5, 6, 10, 12, 14, 20, 24, 34, 35, 36
난이도 중 22문항	16개 이상 맞을 것
	2, 3, 4, 7, 8, 9, 11, 13, 15, 16, 17, 18, 19, 23, 28, 29, 30, 32, 33, 37, 38, 39
난이도 상 8문항	4개 이상 맞을 것
	1, 21, 22, 25, 26, 27, 31, 40

■ 총 평

1회 모의고사는 제33회 시험과 유사한 수준이며 봉투모의고사 3회분 가운데 가장 쉬운 편이다. 85점 이상 득점하였다면 충분히 합격이 가능하다. 70점 미만인 경우라면 최종요약서의 이론강의를 반복해서 듣고 암기를 더 해야 하며 기출지문 위주로 훈련하면 효과가 있다. 70점~85점 이하인 경우에도 최종요약서의 이론강의를 반복해서 듣고 더 암기해야 하며, 단원별 모의고사나 100선 위주로 반복하면 된다. 봉투모의고사 문제를 반복 훈련하는 것도 효과가 좋다. 얼마나 많은 지문을 알고 있느냐가 가장 중요하다.

---

1. ⑤　　　　　　　　　　　　　　　　　　　　　난이도 上

ㄱ, ㄴ, ㄷ, ㄹ 모두 틀린 설명이다.

ㄱ. 개업공인중개사란 이 법에 의하여 중개사무소의 개설등록을 한 자를 말한다.

ㄴ. 공인중개사로서 개업공인중개사에 소속되어 중개업무를 수행하는 자는 소속공인중개사이다.

ㄷ. 개업공인중개사인 법인의 임원 또는 사원인 공인중개사로서 중개업무를 보조하는 자는 소속공인중개사이다.

ㄹ. 중개보조원은 공인중개사가 아닌 자로서 개업공인중개사의 중개업무와 관련된 단순한 업무를 보조하는 자를 말한다.

2. ②　　　　　　　　　　　　　　　　　　　　　난이도 中

② 중개사무소 개설등록에 관한 규정들은 무등록중개업자가 체결한 보수지급약정의 효력을 제한하는 강행법규에 해당한다. 따라서 중개사무소 개설등록을 하지 않은 자가 중개업을 하면서 거래당사자와 체결한 중개보수 지급약정은 무효이다(2008다75119).

③ 개업공인중개사에게 미등기 부동산의 전매에 대하여 중개를 의뢰한 행위를 「공인중개사법」 위반으로 처벌할 수 없으며, 공동정범 행위로 처벌할 수도 없다(2013도3246).

⑤ 중개계약에 따른 개업공인중개사의 확인·설명의무와 이에 위반한 경우의 손해배상의무는 중개의뢰인이 개업공인중개사에게 소정의 수수료를 지급하지 아니하였다고 해서 당연히 소멸되는 것이 아니다(2001다71484).

---

3. ①　　　　　　　　　　　　　　　　　　　　　난이도 中

① 중개대상물에 해당하는 것은 ㄴ, ㄷ, ㄹ이다.

ㄴ. 아파트의 특정 동, 호수에 대한 피분양자로 선정되거나 분양계약이 체결된 후에 특정아파트에 대한 매매를 중개하는 행위 등은 중개대상물인 건물을 중개한 것으로 볼 것이다(89도1885).

ㄷ. 중개대상물이다.

ㄹ. 경매개시결정등기가 된 토지는 중개대상물이다.

ㄱ. 특정한 아파트에 입주할 수 있는 권리가 아니라 아파트에 대한 추첨기일에 신청을 하여 당첨이 되면 아파트의 분양예정자로 선정될 수 있는 지위를 가리키는 데에 불과한 입주권은 「공인중개사법」 소정의 중개대상물인 건물에 해당한다고 보기 어렵다(90도1287).

4. ④　　　　　　　　　　　　　　　　　　　　　난이도 中

④ 옳은 것은 ㄷ이다.

ㄱ. 중개보조원은 연수교육의 대상자에 포함되지 않는다.

ㄴ. 직무교육의 교육시간은 3시간 이상 4시간 이하이다.

ㄹ. 국토교통부장관, 시·도지사 및 등록관청은 개업공인중개사 등이 부동산거래사고 예방 등을 위하여 교육을 받는 경우에는 필요한 비용을 지원할 수 있다. 실무교육에 대해 비용을 지원하는 규정은 없다.

5. ③　　　　　　　　　　　　　　　　　　　　　난이도 下

③ 시·도지사는 합격자에게 국토교통부령이 정하는 바에 따라 공인중개사자격증을 교부해야 한다.

② 공인중개사 자격이 취소된 후 3년이 지나지 아니한 자는 공인중개사가 될 수 없으며 결격사유에 해당하므로 중개보조원도 될 수 없다.

6. ④　　　　　　　　　　　　　　　　　　　　　난이도 下

① 가설건축물대장에 기재된 건물에는 중개사무소 개설등록을 할 수 없다.

② 「상법」상 회사를 설립한 경우 자본금이 5천만원 이상이어야 한다.

③ 사원 또는 임원의 전원이 등록신청일 전 1년 이내에 실무교육을 받아야 한다.

⑤ 대표자를 제외한 사원 또는 임원의 3분의 1 이상이 공인중개사이어야 한다.

7. ①　　　　　　　　　　　　　　　　　　　　　난이도 中

① 등록을 할 수 있는 자는 ㄷ, ㅁ이다.

ㄷ 복권되면 곧바로 결격사유에서 벗어난다.

ㅁ. 피특정후견인은 결격사유에 해당하지 않는다.

ㄱ. 금고형 또는 징역형의 실형을 선고받고 그 형의 집행이 종료되거나 집행이 면제된 날부터 3년이 지나지 아니한 자는 결격사유에 해당하여 개설등록을 할 수 없다.

ㄴ. 이중등록 금지규정을 위반하여 중개사무소 개설등록이 취소된 후 3년이 지나지 않은 자는 결격사유이므로 개설등록을 할 수 없다.

ㄹ. 「공인중개사법」 위반으로 300만원 이상 벌금형을 선고 받은 자는 3년이 지나야 개업공인중개사 등이 될 수 있다.

8. ③

난이도 中

③ 개업공인중개사를 대상으로 중개업의 경영기법 및 경영정보를 제공할 수 있으므로 옳다.
① 상업용 건축물 및 주택의 임대관리 등 부동산의 관리대행을 할 수 있다.
② 상업용 건축물 및 주택의 분양대행을 할 수 있다.
④ 도배·이사업체의 소개 등 주거이전에 부수되는 용역의 알선을 할 수 있다.
⑤ 부동산의 개발에 관한 상담을 할 수 있으며, 토지의 개발대행은 할 수 없다.

9. ⑤

난이도 中

① 실무교육을 받아야 한다.
② 소속공인중개사의 업무상 행위는 그를 고용한 개업공인중개사의 행위로 본다.
③ 고용관계 종료일부터 10일 이내에 등록관청에 신고해야 한다.
④ 개업공인중개사의 행위에 대하여 그 고용인이 함께 손해배상책임을 지는 것은 아니다. 고용인의 업무상 행위로 발생한 재산상 손해에 대하여 개업공인중개사가 함께 책임을 진다.

10. ③

난이도 下

① 이중소속은 예외 없이 금지된다.
② 업무정지처분을 받은 경우 간판의 철거의무가 없다.
④ 부칙상 개업공인중개사는 경매·공매대상 부동산에 대한 권리분석 및 취득의 알선과 매수신청 및 입찰신청의 대리를 할 수 없다.
⑤ 등록을 취소할 수 있는 사유이다.

11. ④

난이도 中

① 주된 사무소가 속한 시·군·구 내에 분사무소를 둘 수 없다.
② 분사무소의 설치신고서는 주된 사무소 소재지를 관할하는 등록관청에 제출해야 한다.
③ 분사무소의 설치신고를 하는 자는 지방자치단체의 조례로 정하는 수수료를 납부해야 한다.
⑤ 법인인 개업공인중개사만 분사무소를 둘 수 있다.

12. ②

난이도 下

② 등록한 인장을 변경한 경우에는 변경일로부터 7일 이내에 그 변경된 인장을 등록관청에 등록해야 한다.

13. ①

난이도 中

② 휴업신고와 폐업신고를 하는 경우 등록증을 첨부해야 하므로 전자문서로 할 수 없다.
③ 분사무소는 주된 사무소와 별도로 휴·폐업이 가능하다.
④ 등록증은 휴업 또는 폐업신고를 하는 경우에 첨부해야 한다.
⑤ 폐업신고를 하지 않은 경우에는 100만원 이하의 과태료를 부과한다.

14. ③

난이도 下

③ 전속중개계약을 체결한 개업공인중개사는 중개대상물에 대한 정보를 공개하되, 각 권리자의 주소·성명 등 인적사항에 관한 정보는 공개하여서는 아니 된다.

15. ⑤

난이도 中

⑤ 개업공인중개사가 성실·정확하게 확인·설명을 하지 않거나 설명의 근거자료를 제시하지 않은 경우에는 500만원 이하의 과태료를 부과하며, 확인·설명서를 교부하지 않거나 서명 및 날인을 하지 않거나 3년간 보존하지 않은 경우는 업무정지처분 대상이 된다.

16. ③

난이도 中

③ 정답은 ㄱ, ㄴ, ㄷ이다.
ㄱ. 국토교통부장관, 시·도지사 및 등록관청은 필요하다고 인정하면 대통령령으로 정하는 바에 따라 개업공인중개사 등의 부동산거래사고 예방을 위한 교육을 실시할 수 있다.
ㄴ. 개업공인중개사 등은 이 법 및 다른 법률에 특별한 규정이 있는 경우를 제외하고는 그 업무상 알게 된 비밀을 누설하여서는 아니 된다.
ㄷ. 개업공인중개사 등은 다른 개업공인중개사의 소속공인중개사·중개보조원 또는 개업공인중개사인 법인의 사원·임원이 될 수 없다.
ㄹ. 개업공인중개사 및 소속공인중개사는 업무를 개시하기 전에 중개행위에 사용할 인장을 등록관청에 등록해야 한다.
ㅁ. 개업공인중개사 및 소속공인중개사는 전문직업인으로서의 품위를 유지하고 신의와 성실로써 공정하게 중개업무를 수행해야 한다.

17. ②

난이도 中

② 비선호시설은 주거용 건축물 및 토지용 확인·설명서에 기재한다.

18. ④

난이도 中

① 계약금 등의 예치권고는 개업공인중개사의 의무가 아니다. 거래계약의 이행이 완료될 때까지 계약금 등을 예치할 것을 권고할 수 있다.
② 중개보조원은 예치명의자가 될 수 없다.
③ 거래당사자 동의 없이 인출할 수 없다.
⑤ 계약금 등의 반환채무이행의 보장을 위해 소요된 실비는 별도의 약정이 없는 한 매수인이 부담한다.

19. ⑤

난이도 中

⑤ 거래당사자 일방을 대리하는 행위로서 금지행위가 아니다.
① 중개대상물의 매매를 업으로 하는 행위
② 개업공인중개사 등의 업무를 방해하는 행위로서 누구든지 해서는 아니 되는 행위이다.
③ 단체를 구성하여 특정 중개대상물에 대하여 중개를 제한하거나 단체 구성원 이외의 자와 공동중개를 제한하는 행위
④ 탈세 등 관계법령을 위반할 목적으로 소유권보존등기 또는 이전등기를 하지 아니한 부동산을 중개하는 등 부동산 투기를 조장하는 행위

20. ①

난이도 下

① 개업공인중개사가 그 보증을 다른 보증으로 변경하고자 하는 경우에는 이미 설정한 보증의 효력이 있는 기간 중에 다른 보증으로 설정하고 등록관청에 신고해야 한다.

21. ③ 난이도 上

① 지급시기는 약정에 따르되 <u>약정이 없는 경우 거래대금 지급이 완료된 날로 한다.</u>

② 주택의 중개보수는 국토교통부령으로 정하는 범위 안에서 시·도 조례로 정하며, <u>주택 외의 중개보수는 국토교통부령으로 정한다.</u>

④ 중개보수 외에 실비를 별도로 받을 수 있다. 일반(전속)중개계약서 표준서식에 명시된 내용이다.

⑤ 중개보수와 <u>별도로 부가가치세를 받을 수 있다.</u> 중개대상물 확인·설명서에 명시된 내용이다.

22. ④ 난이도 上

① 거래정보사업자는 지정받은 날부터 3개월 이내에 운영규정을 정하여 <u>국토교통부장관의 승인</u>을 얻어야 한다.

② 공인중개사 1인 이상을 확보하였음을 증명하기 위해 공인중개사자격증 사본을 첨부해야 한다.

③ 거래정보사업자가 운영규정을 변경하려는 경우에는 국토교통부장관의 승인을 얻어야 한다.

⑤ 국토교통부장관은 지정을 <u>취소할 수 있다.</u>

23. ① 난이도 中

① 보기 모두 옳은 지문이다.

24. ⑤ 난이도 下

⑤ 하나의 사건에 대하여 2건 이상의 신고 또는 고발이 접수된 경우에는 최초로 신고 또는 고발한 자에게 포상금을 지급한다.

25. ② 난이도 上

② 폐업신고 전의 개업공인중개사에 대하여 행한 업무정지처분 및 과태료처분의 효과는 그 <u>처분일부터 1년간</u> 재등록한 개업공인중개사에게 승계된다.

26. ① 난이도 上

① 등록을 반드시 취소해야 하는 사유는 ㄴ, ㄷ, ㅁ이다.

아래의 사유는 등록을 취소할 수 있는 사유(임의적 등록취소)이다.

ㄱ. 거래계약서에 거래금액을 거짓으로 기재한 경우

ㄹ. 최근 1년 이내에 2회의 과태료와 1회의 업무정지처분을 받고 다시 업무정지 사유에 해당하는 위반행위를 한 경우

27. ③ 난이도 上

③ 최근 1년 이내에 2회의 업무정지처분 또는 과태료처분을 받고 다시 과태료 사유에 해당하는 위반행위를 한 경우 업무정지처분을 할 수 있다.

④ 법령상 상한액을 초과하여 중개보수를 받은 경우는 임의적 등록취소 사유이며, 임의적 등록취소 사유는 업무정지 처분을 할 수 있는 사유에도 포함된다.

⑤ 임의적 등록취소 사유이므로 업무정지 처분을 할 수 있다.

28. ⑤ 난이도 中

ㄱ. 정당한 사유 없이 개업공인중개사 등의 중개대상물에 대한 정당한 표시·광고 행위를 방해하는 행위를 한 자 − 3년 이하의 징역 또는 3천만원 이하의 벌금

ㄴ. 공인중개사가 아닌 자로서 공인중개사 또는 이와 유사한 명칭을 사용한 자 − 1년 이하의 징역 또는 1천만원 이하의 벌금

29. ④ 난이도 中

① 「택지개발촉진법」에 따른 부동산의 공급계약 및 공급계약을 통해 부동산을 공급받는 자로 선정된 지위의 매매계약은 모두 신고대상이다.

② 계약체결일부터 30일 이내에 신고해야 한다.

③ 「건축법」에 따른 공급계약은 <u>신고대상이 아니나</u> 「건축법」에 따라 공급된 부동산의 매매계약은 신고대상이다.

⑤ 부동산 등의 소재지를 관할하는 시장(구가 설치되지 아니한 시의 시장, 특별자치시장, 특별자치도 행정시장)·군수 또는 구청장인 신고관청에 제출해야 한다.

30. ② 난이도 中

② 변경신고를 할 수 있는 항목은 다음과 같다.

> 1. 거래 지분 비율
> 2. 거래 지분
> 3. 거래대상 부동산 등의 면적
> 4. 거래의 조건 또는 기한
> 5. 거래가격
> 6. 중도금 및 지급일
> 7. 잔금 및 지급일
> 8. 공동매수의 경우 일부 매수인의 변경(매수인 중 <u>일부가 제외되는 경우만</u> 해당한다)
> 9. 거래대상 부동산 등이 다수인 경우 일부 부동산 등의 변경(거래대상 부동산 등 중 <u>일부가 제외되는 경우만</u> 해당한다)
> 부동산 등이 다수인 경우에서 일부 부동산 등이 <u>추가되거나 교체되는 경우</u>는 변경신고를 할 수 없다.

31. ⑤ 난이도 上

ㄱ. 甲이 서울특별시에 소재하는 乙 소유 토지를 1억원에 매수하는 경우 : ○

ㄴ. 甲이 수도권 등 외의 지역에 소재하는 丙 소유 토지를 5억원에 매수하는 경우 : ×

ㄷ. 甲이 수도권 등 외의 지역에 소재하는 丁 소유 토지의 지분을 5억원에 매수하는 경우 : ×

ㄹ. 甲이 세종특별자치시에 소재하는 戊 소유 토지의 지분을 7천만원에 매수하는 경우 : ○

> ※ 토지의 취득에 필요한 자금의 조달계획 및 토지의 이용계획을 신고해야 하는 경우
> • 수도권 등(수도권, 광역시, 세종시) : 1억원 이상의 토지. 단, 지분 매수의 경우 모든 가격의 토지
> • 수도권 등 외의 지역 : 6억원 이상 토지(지분으로 매수하는 경우에도 6억원 이상의 토지)
> • 매수인이 국가 등인 경우 및 토지거래허가구역 내의 허가대상 토지 제외

32. ④

④ 상속, 경매, 확정판결, 「공익사업을 위한 토지 등의 취득 및 보상에 관한 법률」 및 그 밖의 법률에 따른 환매권의 행사, 법인의 합병, 건축물의 신축·증축·개축·재축을 원인으로 대한민국 안의 부동산 등을 취득한 때에는 부동산 등을 취득한 날부터 6개월 이내에 신고관청에 신고해야 한다. 이를 신고하지 않거나 거짓으로 신고한 경우 100만원 이하의 과태료를 부과한다.

33. ②

② 허가구역에 거주하는 농업인·임업인·어업인이 그 허가구역에서 농업·축산업·임업 또는 어업을 경영하기 위하여 토지를 취득하는 경우 허가가 필요 없는 것이 아니라 허가를 받아야 하며, 허가신청에 대하여 허가관청은 허가하여야 한다.

34. ②

② 이행강제금 부과기준은 다음과 같다.

> 1. 허가를 받아 토지를 취득한 자가 당초의 목적대로 이용하지 아니하고 방치한 경우 : 취득가액의 100분의 10에 상당하는 금액
> 2. 허가를 받아 토지를 취득한 자가 직접 이용하지 아니하고 임대한 경우 : 취득가액의 100분의 7
> 3. 허가를 받아 토지를 취득한 자가 허가관청의 승인 없이 당초의 이용목적을 변경하여 이용하는 경우 : 취득가액의 100분의 5에 상당하는 금액
> 4. 제1호부터 제3호까지에 해당하지 않는 경우(기타) : 취득가액의 100분의 7에 상당하는 금액

35. ③

③ 분묘기지권은 분묘의 기지 자체뿐만 아니라 그 분묘의 수호 및 봉제사에 필요한 범위 내에서 분묘의 기지 주위의 공지를 포함한 지역에까지 미친다.

36. ④

④ 제3자 丁이 명의신탁약정 사실을 알고 있는 경우라도 소유권을 유효하게 취득한다.

37. ⑤

① 임차권등기명령의 집행에 의한 임차권등기가 경료된 주택을 그 이후에 임차한 소액임차인은 보증금 중 일정액에 대한 우선변제권이 없다.
② 경매개시결정등기 전에 대항요건을 갖추면 되고, 확정일자는 요건이 아니다.
③ 임차인만 2년 미만으로 정한 기간의 유효함을 주장할 수 있다.
④ 우선변제권을 승계한 금융기관 등은 다음에 해당하는 경우에는 우선변제권을 행사할 수 없다. ㉠ 임차인이 대항요건을 상실한 경우 ㉡ 임차권등기명령에 따른 임차권등기 또는 「민법」 제621조에 따른 임대차등기가 말소된 경우

38. ①

① 임차인의 환산보증금이 10억원으로 환산보증금 범위(서울 9억원)를 초과하였다. 이 경우 임차인은 대항력, 계약갱신요구권, 3기 연체시 계약해지, 권리금 보호규정, 상가건물임대차 표준계약서 권장규정만 적용받는다.
환산보증금을 초과하는 임대차의 경우 묵시적 갱신은 「상가건물 임대차보호법」을 적용하지 않고 「민법」을 적용하게 된다. 따라서 묵시적 갱신이 된 경우 그 기간은 정함이 없는 것으로 본다.

39. ④

④ 매각허가결정에 즉시항고를 하려는 자는 매각대금의 10분의 1에 해당하는 금전 또는 유가증권을 공탁해야 한다.

40. ②

② 매수신청대리인으로 등록 당시 등록요건을 갖추지 않았던 경우 지방법원장은 매수신청대리인 등록을 취소해야 하며, 등록 후 매수신청대리 등록요건을 갖추지 않게 된 경우 지방법원장은 매수신청대리인 등록을 취소할 수 있다.

수고하셨습니다.
당신의 합격을 응원합니다.

합격까지 박문각

2023년도 제34회 시험대비 THE LAST 모의고사
정지웅 공인중개사법·중개실무

회차	문제수	시험과목
2회	40	공인중개사법·중개실무

수험번호		성명	

【정답 및 해설】

박문각은 여러분의 제34회 공인중개사 시험 합격을 진심으로 응원합니다!

공인중개사의 업무 및 부동산 거래신고에 관한 법령 및 중개실무

1. ②	2. ⑤	3. ③	4. ③	5. ④	6. ②	7. ①	8. ③
9. ④	10. ⑤	11. ③	12. ④	13. ⑤	14. ②	15. ①	16. ③
17. ⑤	18. ③	19. ④	20. ①	21. ②	22. ②	23. ④	24. ①
25. ③	26. ④	27. ③	28. ④	29. ③	30. ②	31. ⑤	32. ①
33. ③	34. ③	35. ①	36. ④	37. ③	38. ①	39. ④	40. ③

〈문제분석 및 총평〉

■ 체감난이도 : 중상

■ 문항분석

난이도 하 4문항	하나도 틀리지 말 것 8, 21, 25, 28
난이도 중 28문항	22개 이상 맞을 것 2, 3, 5, 7, 9, 10, 11, 12, 14, 16, 17, 19, 20, 22, 23, 24, 26, 27, 29, 30, 31, 32, 35, 36, 37, 38, 39, 40
난이도 상 8문항	4개 이상 맞을 것 1, 4, 6, 13, 15, 18, 33, 34

■ 총 평

2회 모의고사는 제31회 시험과 유사한 수준이며 봉투모의고사 3회분 가운데 중간 정도의 난이도이다. 80점 이상 득점하였다면 충분히 합격이 가능하다. 70점 미만인 경우라면 최종요약서의 이론강의를 반복해서 듣고 암기를 더 해야 하며 기출지문 위주로 훈련하면 효과가 있다. 70점~80점 이하인 경우에도 최종요약서의 이론강의를 반복해서 듣고 더 암기해야 하며, 단원별 모의고사나 100선 위주로 반복하면 된다. 봉투모의고사 문제로 반복 훈련하는 것도 효과가 좋다. 시험은 결국 암기다. 지문을 외우기!

1. ②   난이도 上

① 공인중개사는 이 법에 의하여 공인중개사 자격을 취득한 자를 말한다.
③ 개업공인중개사와 중개의뢰인 간의 관계는 「민법」상 위임관계와 같으므로 개업공인중개사가 중개대상물 이외의 물건, 권리 또는 지위를 중개하는 경우에도 선량한 관리자의 주의로 권리관계 등을 조사·확인하여 설명할 의무가 있다(2012다74342).
④ 1년 이하의 징역 또는 1천만원 이하의 벌금에 처한다.
⑤ 무자격자가 거래를 성사시켜 작성한 계약서에 공인중개사가 인감을 날인하는 것은 자신이 직접 공인중개사 업무를 수행하는 형식만 갖추었을 뿐, 실질적으로는 무자격자로 하여금 자기 명의로 공인중개사 업무를 수행하도록 한 것이므로 자격증의 대여에 해당한다(2006도9334).

2. ⑤   난이도 中

ㄱ. 명인방법을 갖추지 않은 수목의 집단, ㄴ. 사권이 소멸된 포락지, ㄹ. 이주자택지를 공급받을 수 있는 지위인 대토권, 질권은 중개대상물이 아니다.

3. ③   난이도 中

③ 무자격자에게 중개를 의뢰한 거래당사자는 「공인중개사법」에 따라 처벌할 수 없다.

4. ③   난이도 上

① 위원장은 국토교통부 제1차관이 된다.
② 정책심의위원회에서 공인중개사의 시험 등 공인중개사의 자격취득에 관한 사항을 심의한 경우에는 시·도지사는 이에 따라야 한다.
④ 위원장 1명을 포함하여 7명 이상 11명 이내의 위원으로 구성한다.
⑤ 의위원회의 회의는 재적위원 과반수의 출석으로 개의(開議)하고, 출석위원 과반수의 찬성으로 의결한다.

5. ④   난이도 中

① 자격취소 후 3년이 경과되지 않은 자 및 부정행위로 시험의 무효처분일부터 5년이 경과되지 아니한 자를 제외하고 누구나 공인중개사가 될 수 있다. 징역형의 집행유예기간이 만료된 날부터 2년이 지나지 아니한 자는 공인중개사가 될 수 있으나 개업공인중개사 등이 될 수 없다.
② 시·도지사는 시험의 합격자 공고일로부터 1개월 이내에 자격증을 교부해야 한다.
③ 재교부신청서를 자격증을 교부한 시·도지사에게 제출해야 한다.
⑤ 부동산 중개업의 육성에 관한 사항은 심의사항에 포함된다.

6. ②   난이도 上

결격사유에 해당하는 자는 ㄱ, ㅁ이다.
ㄱ. 집행유예기간 만료 후 2년이 더 지나야 결격사유에서 벗어난다.
ㅁ. 등록취소 후 3년간 결격사유에 해당하는 경우이다.
ㄴ. 「공인중개사법」을 위반하여 300만원 이상의 벌금형을 선고받은 자는 3년간 결격사유에 해당한다. 과태료처분을 받은 경우는 결격사유가 아니다.
ㄷ. 업무정지기간 중인 중개법인의 업무정지 사유가 발생한 당시의 사원 또는 임원이었던 자는 결격사유이며, 사유가 발생한 후에 선임된 사원, 임원은 결격사유가 아니다.
ㄹ. 자격정지기간은 최대 6개월이므로 결격사유가 아니다.

7. ①   난이도 中

ㄱ. ○
ㄴ. ○ 개업공인중개사는 업무를 개시하기 전에 인장등록을 해야 하나, 중개사무소 개설등록을 신청하는 때에 인장등록을 같이 할 수 있다.
ㄷ. × 건축물대장 및 법인등기사항증명서는 등록관청이 행정정보의 공동이용을 통해 직접 확인하므로 제출서류가 아니다.
ㄹ. ○
ㅁ. × 개업공인중개사의 이중소속은 절대적 등록취소 사유이다.

8. ③   난이도 下

① 소속공인중개사의 이중소속은 자격정지사유이다.
② 입목, 광업재단, 공장재단용 확인·설명서에는 입지조건 기재란이 없다.
④ 중개사무소의 명칭, 소재지, 연락처, 등록번호, 개업공인중개사의 성명(법인의 경우 대표자의 성명)을 명시해야 한다.
⑤ 주된 사무소의 소재지를 관할하는 등록관청에 제출하여야 한다.

9. ④

④ 부칙상 개업공인중개사는 경매 및 공매 부동산의 권리분석 및 취득의 알선과 매수신청 또는 입찰신청의 대리를 할 수 없다.
①⑤ 공인중개사인 개업공인중개사는 겸업제한이 없으므로 할 수 있는 업무이다.
③ 모든 개업공인중개사가 할 수 있는 업무이다.

10. ⑤

난이도 中

⑤ 행정상 책임으로서 중개보조원의 위법행위로 개업공인중개사가 행정처분을 받을 수 있다. 개업공인중개사가 금지행위를 한 것으로 보아 임의적 등록취소 사유에 해당한다.
① 중개보조원을 고용한 때에는 직무교육을 받도록 한 후 업무개시 전까지 고용신고를 신고해야 한다.
② 국토교통부장관, 시·도지사 및 등록관청은 필요하다고 인정하면 개업공인중개사 등의 부동산거래사고 예방을 위한 교육을 실시할 수 있다.
③ 고용신고는 전자문서로 가능하다.
④ 중개보조원은 「민법」상 불법행위자로서의 손해배상책임을 진다. 또한 개업공인중개사는 자신의 고의 또는 과실 여부에 관계없이 손해배상책임을 진다.

11. ③

난이도 中

③ 등록관청에 중개사무소의 이전사실을 신고한 경우, 폐업사실을 신고한 경우 및 중개사무소의 개설등록 취소처분을 받은 경우에는 지체 없이 사무소의 간판을 철거해야 한다. 철거를 이행하지 않는 경우 등록관청은 「행정대집행법」에 따라 대집행을 할 수 있으며 과태료 부과대상은 아니다.

12. ④

난이도 中

④ 분사무소의 설치신고 및 이전신고는 모두 주된 사무소 관할 등록관청에 하게 되므로 서류의 송부절차는 없다. 중개사무소를 관할지역 외의 지역으로 이전한 경우에 이전신고를 받은 이전 후의 등록관청은 이전 전의 등록관청에 관련서류의 송부를 요청해야 한다.

13. ⑤

난이도 上

⑤ 「공인중개사법」 제10조의2에 규정된 법조문이다. 「공인중개사법」과 다른 법을 함께 위반하여 둘 모두에 대해 벌금형을 선고하게 된다면 분리하여 선고하여 「공인중개사법」 위반으로 받게 될 벌금형이 300만원 이상이 되어 결격사유인지를 판단하기 위함이다.
① 중개대상물인 건축물은 「민법」상의 부동산인 건축물에 한정된다. 법률상 독립된 부동산으로서의 건물이라고 하려면 최소한의 기둥과 지붕 그리고 주벽이 이루어져야 할 것인바, 세차장구조물은 주벽이라고 할 만한 것이 없고, 볼트만 해체하면 쉽게 토지로부터 분리·철거가 가능하므로 이를 토지의 정착물인 중개대상물이라고 볼 수 없다(2008도9427).
② 중개사무소 개설등록을 취소할 수 있는 사유이다.
③ 공인중개사인 개업공인중개사는 대법원규칙으로 정하는 요건을 갖추어 법원에 등록하고 경매대상 부동산에 대한 매수신청대리를 할 수 있다.
④ 특정한 아파트에 입주할 수 있는 권리가 아니라 아파트에 대한 추첨기일에 신청을 하여 당첨이 되면 아파트의 분양예정자로 선정될 수 있는 지위를 가리키는 데에 불과하다는 것이므로 이러한 입주권은 「공인중개사법」 소정의 중개대상물인 건물에 해당한다고 보기 어렵다(90도1287).

14. ②

난이도 中

① 업무정지사유이다.
③ 중개업을 폐업하고자 하는 경우에는 등록관청에 미리 신고해야 한다.
④ 휴업기간 변경신고 및 중개업의 재개신고는 전자문서로 할 수 있다.
⑤ 질병, 징집, 취학 등 부득이한 사유가 없다면 휴업기간은 6월을 초과할 수 없다.

15. ①

난이도 上

① 개업공인중개사가 의뢰받은 중개대상물에 대하여 표시·광고를 하려면 중개사무소 및 개업공인중개사에 관한 다음의 사항을 명시해야 한다.

> 1. 중개사무소의 명칭, 소재지, 연락처 및 등록번호
> 2. 개업공인중개사의 성명(법인인 경우에는 대표자의 성명)

인터넷을 이용한 표시·광고를 하는 경우 위 중개사무소 및 개업공인중개사에 관한 사항 외에 중개대상물에 관한 다음의 사항을 추가로 명시해야 한다.

> 1. 중개대상물의 종류, 소재지, 면적, 가격
> 2. 거래 형태
> 3. 건축물 및 그 밖의 토지의 정착물인 경우 다음의 사항
>   1) 총 층수
>   2) 사용승인·사용검사·준공검사 등을 받은 날
>   3) 해당 건축물의 방향, 방의 개수, 욕실의 개수, 입주가능일, 주차대수 및 관리비

16. ③

난이도 中

① 부당한 표시·광고를 한 경우로서 등록관청이 500만원 이하의 과태료를 부과하는 사유이다.
② 국토교통부장관이 모니터링 할 수 있다.
④ 모니터링 기본계획서에 따라 분기별로 실시하는 모니터링은 기본모니터링 업무에 해당한다.
⑤ 모니터링의 기준, 절차 및 방법 등에 관한 세부적인 사항은 국토교통부장관이 정하여 고시한다.

17. ⑤

난이도 中

③ 개업공인중개사가 고용할 수 있는 중개보조원의 수는 개업공인중개사와 소속공인중개사를 합한 수의 5배를 초과하여서는 아니 된다.
⑤ 중개보조원은 현장안내 등 중개업무를 보조하는 경우 중개의뢰인에게 본인이 중개보조원이라는 사실을 미리 알려야 한다. 이를 위반한 경우 등록관청이 중개보조원 및 개업공인중개사에게 500만원 이하의 과태료를 부과한다. 다만, 개업공인중개사가 그 위반행위를 방지하기 위하여 해당 업무에 관하여 상당한 주의와 감독을 게을리하지 아니한 경우는 제외한다.

18. ③ 　　　　　　　　　　　　　　　　　　　　　　**난이도 上**

③ 중개보수에 해당하는 금액을 위약금으로 지불해야 한다. 위약금을 지불해야 한다는 표현도 옳다.
① 권리를 취득함에 따라 부담해야 할 조세의 종류 및 세율은 중개대상물 확인·설명 사항에 해당한다.
② 희망물건의 종류는 매수·임차의뢰인과 작성하는 권리취득용에 기재할 사항이다.
④ 전속중개계약 체결 후 7일 이내에 정보를 공개해야 한다.
⑤ 전속중개계약을 체결한 개업공인중개사가 중개대상물의 정보를 공개하지 아니한 경우는 <u>등록을 취소할 수 있는</u> 사유이다.

19. ④ 　　　　　　　　　　　　　　　　　　　　　　**난이도 中**

ㅁ. 환경조건은 주거용 건축물 확인·설명서에만 기재할 사항이다.

20. ① 　　　　　　　　　　　　　　　　　　　　　　**난이도 中**

① 비주거용 건축물 확인·설명서에는 환경조건을 기재하지 않는다. <u>환경조건은 주거용 건축물 확인·설명서에만 기재한다.</u>

21. ③ 　　　　　　　　　　　　　　　　　　　　　　**난이도 下**

③ 개업공인중개사는 중개대상물에 관하여 중개가 완성된 때에는 거래계약서를 작성하여 거래당사자에게 교부하고 5년 동안 그 원본, 사본 또는 전자문서를 보존해야 한다. 다만, 거래계약서가 공인전자문서센터에 보관된 경우에는 그러하지 아니하다.

22. ② 　　　　　　　　　　　　　　　　　　　　　　**난이도 中**

① 반환채무이행의 보장과 관련하여 든 실비는 매수인이 부담한다.
③ 개업공인중개사는 자기 소유의 예치금과 분리하여 관리될 수 있도록 해야 한다.
④ 개업공인중개사는 예치된 계약금 등을 거래당사자의 동의 없이 인출하여서는 안 된다.
⑤ 매도인은 해당 계약을 해제한 때에 중도금의 반환을 보장하는 내용의 금융기관 또는 보증보험회사가 발행하는 보증서를 계약금 등의 <u>예치명의자(丙)</u>에게 교부하고 중도금을 미리 수령할 수 있다.

23. ④ 　　　　　　　　　　　　　　　　　　　　　　**난이도 中**

① 개업공인중개사는 <u>중개가 완성된 때에는</u> 거래당사자에게 손해배상책임의 보장에 관한 사항을 설명하고, 보증관계증서사본을 교부하거나 전자문서를 제공해야 한다.
② 중개행위에 해당하는지 여부는 개업공인중개사의 행위를 <u>객관적으로 보아 사회통념상 거래의 알선·중개를 위한 행위라고 인정되는지 여부에 의하여 결정해야 한다</u>(2005다32197).
③ 개업공인중개사는 거래당사자에게 발생한 모든 손해에 대하여 배상책임을 진다.
⑤ 甲이 A의 공인중개사 자격증과 등록증을 대여받아 중개사무소를 운영하던 중 자신이 오피스텔을 소유하고 있는 것처럼 가장하여 <u>임차의뢰인 乙과 직접 거래당사자로서 임대차계약을 체결한 경우</u> 임대차계약서의 중개사란에 중개사무소의 명칭이 기재되고, 공인중개사 명의로 작성된 확인·설명서가 교부되었다고 하더라도 甲의 위 행위를 객관적으로 보아 사회통념상 거래당사자 사이의 임대차를 알선·중개하는 행위에 해당한다고 볼 수 없다(2010다101486).

24. ① 　　　　　　　　　　　　　　　　　　　　　　**난이도 中**

ㄱ. 단체를 구성하여 특정 중개대상물에 대하여 중개를 제한하거나 단체 구성원 이외의 자와 공동중개를 제한하는 행위
ㄴ. 누구든지 해서는 안 되는 행위이므로 개업공인중개사에게도 금지된다.
ㄷ. 아파트 분양권 매매를 중개한 경우에 있어서 거래가액이라 함은 당사자가 거래 당시 수수하게 되는 총 대금(즉, 통상적으로 계약금, 기 납부한 중도금, 프리미엄을 합한 금액)을 거래가액이라고 보아야 할 것이므로. 이와 달리 장차 건물이 완성되었을 경우를 상정하여 총 분양대금과 프리미엄을 합산한 금액으로 거래가액을 산정해야 한다는 취지의 주장은 받아들일 수 없다. 금지행위이다.
ㄷ. 일방대리는 금지행위가 아니다.
ㄹ. 개업공인중개사가 토지와 건물의 임차권 및 권리금, 시설비의 교환계약을 중개하고 그 사례 명목으로 포괄적으로 지급받은 금원 중 어느 금액까지가 「공인중개사법」의 규율대상인 중개보수에 해당하는지를 특정할 수 없어 같은 법이 정한 한도를 초과하여 중개보수를 지급받았다고 단정할 수 없다(2005도6054). 따라서 금지행위가 아니다.

25. ③ 　　　　　　　　　　　　　　　　　　　　　　**난이도 下**

③ 90제곱미터의 오피스텔의 임대차 요율은 0.9%가 적용된다.
거래금액 = 1,000 + (40 × 100) = 5,000만원
중개보수 = 5,000만원 × 0.9% = 450,000원

26. ④ 　　　　　　　　　　　　　　　　　　　　　　**난이도 中**

④ 등록관청은 다음의 어느 하나에 해당하는 자를 등록관청, 수사기관이나 부동산거래질서교란행위 신고센터에 신고 또는 고발한 자에 대하여 포상금을 지급할 수 있다.

1. 중개사무소의 개설등록을 하지 아니하고 중개업을 한 자
2. 거짓이나 그 밖의 부정한 방법으로 중개사무소의 개설등록을 한 자
3. 중개사무소등록증 또는 공인중개사자격증을 다른 사람에게 양도·대여하거나 다른 사람으로부터 양수·대여받은 자
4. 개업공인중개사가 아닌 자로서 중개대상물에 대한 표시·광고를 한 자
5. 부동산거래질서교란행위 가운데 다음의 위반행위를 한 자
   1) 거짓으로 거래가 완료된 것처럼 꾸미는 등 중개대상물의 시세에 부당한 영향을 주거나 줄 우려가 있는 행위
   2) 단체를 구성하여 특정 중개대상물에 대하여 중개를 제한하거나 단체 구성원 이외의 자와 공동중개를 제한하는 행위
   3) 안내문, 온라인 커뮤니티 이용하여 특정 개업공인중개사에 대한 중개의뢰를 제한하거나 제한을 유도하는 행위 / 시세보다 현저하게 높게 표시·광고 또는 중개하는 특정 개업공인중개사에게만 중개의뢰를 하도록 유도하는 행위 / 특정 가격 이하로 중개를 의뢰하지 아니하도록 유도하는 행위
   4) 개업공인중개사의 정당한 표시·광고 행위를 방해하는 행위
   5) 개업공인중개사에게 시세보다 현저하게 높게 표시·광고하도록 강요하는 행위
   6) 개업공인중개사에게 대가를 약속하고 현저하게 높게 표시·광고하도록 유도하는 행위

27. ③

③ 폐업기간이 1년을 초과해야 폐업 전의 사유로 업무정지처분을 하지 않는다. 폐업기간이 1년 이하이므로 폐업 전의 사유로 업무정지처분을 할 수 있다.

② 업무정지사유를 위반하고 3년이 경과한 때에는 업무정지처분을 할 수 없다. 그러므로 2년이 경과한 때에는 업무정지처분을 할 수 있다.

⑤ 폐업신고 전의 개업공인중개사에 대하여 행한 업무정지처분 및 과태료처분의 효과는 그 처분일부터 1년간 다시 중개사무소의 개설등록을 한 자에게 승계된다.

28. ④

④ 중개대상물 확인·설명서를 교부하지 않거나 보존하지 않은 경우는 개업공인중개사의 업무정지 사유이다.

29. ③

③ 옳은 것은 ㄴ, ㄹ, ㅁ이다.

ㄱ. 중개대상물의 가격 등 내용을 사실과 다르게 거짓으로 표시·광고하거나 사실을 과장되게 하는 표시·광고를 한 자 − 500만원 이하의 과태료 − 등록관청

ㄷ. 현장안내 등 중개업무를 보조함에 있어서 중개의뢰인에게 중개보조원임을 알리지 아니한 자 − 500만원 이하의 과태료 − 등록관청

30. ②

② 3년 이하 징역 또는 3천만원 이하 벌금

①③④⑤ 1년 이하 징역 또는 1천만원 이하 벌금

31. ⑤

⑤ 매수인이 국가 등인 경우를 제외하고 수도권 등(수도권, 광역시, 세종시)에서 1억원 이상 토지(단, 지분 매수의 경우 모든 가격의 토지) 및 수도권 등 외의 지역에서 6억원 이상 토지를 거래하는 경우 아래 내용을 추가로 신고해야 한다.

> 1. 토지의 취득에 필요한 자금의 조달계획
> 2. 토지의 이용계획

① 신고대상인 '부동산 등'에 포함된다.
② 개업공인중개사가 신고해야 하고 거래당사자는 신고의무가 없다.
③ 공장재단은 신고대상에 포함되지 않는다.
④ 개업공인중개사가 부동산 거래신고를 해야 할 사항에 중개사무소의 상호, 전화번호, 소재지가 포함된다.

32. ①

① 정정신청대상은 ㄱ, ㄴ이며, ㄷ. 거래가격은 변경신고 대상이다.
ㄹ. 매수인의 성명, ㅁ. 부동산 등의 소재지·지번은 정정신청 대상이 될 수 없다.

33. ③

① 정부간 기구는 외국인 등에 포함된다.
② 계약체결일부터 60일 이내에 신고해야 한다.
④ 신고관청으로부터 허가를 받아야 한다.
⑤ 100만원 이하의 과태료 사유이다.

34. ③

②③ 선매협의 : 선매자로 지정된 자는 지정 통지를 받은 날부터 15일 이내에 매수가격 등 선매조건을 기재한 서면을 토지소유자에게 통지하여 선매협의를 하여야 하며, 지정 통지를 받은 날부터 1개월 이내에 그 토지 소유자와 선매협의를 끝내야 한다. 선매자는 지정 통지를 받은 날부터 1개월 이내에 선매협의조서를 허가관청에 제출해야 한다.

① 시장·군수 또는 구청장은 아래의 토지에 대하여 허가신청이 있는 경우 국가, 지방자치단체, 한국토지주택공사, 공공기관 또는 공공단체 중에서 선매자를 지정하여 그 토지를 협의 매수하게 할 수 있다.

> 1. 공익사업용 토지
> 2. 허가를 받아 취득한 토지를 그 이용목적대로 이용하고 있지 아니한 토지

④ 선매자가 토지를 매수할 때의 가격은 감정가격을 기준으로 하되, 허가신청서에 적힌 가격이 감정가격보다 낮은 경우에는 허가신청서에 적힌 가격으로 할 수 있다.

⑤ 허가관청은 선매협의가 이루어지지 아니한 경우에는 지체 없이 허가 또는 불허가의 여부를 결정하여 통보해야 한다.

35. ①

② 대체토지를 취득한 자는 2년 동안 허가받은 목적대로 이용해야 한다.
③ 경매로 취득하는 경우에는 토지거래허가 규정을 적용하지 아니한다.
④ 국토교통부장관, 시·도지사, 시장·군수 또는 구청장은 다음의 어느 하나에 해당하는 자에게 허가 취소 또는 그 밖에 필요한 처분을 하거나 조치를 명할 수 있다.

> 1. 토지거래계약에 관한 허가 또는 변경허가를 받지 아니하고 계약 또는 그 변경계약을 체결한 자
> 2. 부정한 방법으로 토지거래계약에 관한 허가를 받은 자
> 3. 토지거래계약에 관한 허가를 받은 자가 그 토지를 허가받은 목적대로 이용하지 아니한 자

⑤ 토지거래계약 허가신청서를 받은 허가관청은 지체 없이 필요한 조사를 하고 신청서를 받은 날부터 15일 이내에 허가·변경허가 또는 불허가 처분을 하여야 한다.

36. ④

④ 개인자연장지를 조성한 자는 자연장지의 조성을 마친 후 30일 이내에 관할 시장 등에게 신고해야 한다. 가족자연장지, 종중·문중자연장지를 조성하려는 자는 관할 시장 등에게 신고해야 한다.

37. ②

① 금융기관이 임차인의 보증금반환채권을 계약으로 일부를 양수한 경우 금융기관은 양수한 금액의 범위 안에서 임차인의 우선변제권을 승계한다.

③ 기존의 대항력은 유지되고, 우선변제권을 취득한다.

④ 「주택임대차보호법」이 적용되는 임대차가 임차인과 주택의 소유자인 임대인 사이에 임대차계약이 체결된 경우로 한정되는 것은 아니나, 적어도 그 주택에 관하여 적법하게 임대차계약을 체결할 수 있는 권한을 가진 임대인이 임대차계약을 체결할 것이 요구된다.

⑤ 임대차계약의 당사자가 아닌 이해관계인 또는 임대차계약을 체결하려는 자는 확정일자부여기관에 임대차목적물, 확정일자 부여일, 차임·보증금, 임대차기간의 열람 또는 그 내용을 기록한 서면의 교부를 요청할 수 있다. ※ 인적사항 제외

38. ③

③ 환산보증금 범위(서울 9억원 이하) 내의 경우 임차인의 갱신요구에 따라 갱신되는 임대차는 전 임대차와 동일한 조건으로 다시 계약된 것으로 보며 차임과 보증금은 100분의 5 범위 내에서 증액할 수 있다.
① 서울에서 환산보증금 6,500만원 이하의 임차인은 소액임차인에 해당하므로 옳은 지문이다.

39. ④

① 배당요구의 종기는 첫 매각기일 이전의 날로 정한다.
② 매각대금의 10분의 1
③ 배당요구의 유무에 따라 매수인이 인수해야 할 부담이 바뀌는 경우 배당요구한 채권자는 배당요구의 종기가 지난 후에는 이를 철회하지 못한다.
⑤ 공유물 지분에 대한 경매의 경우 채무자 지분이 아닌 다른 지분의 소유자는 매각기일까지 보증을 제공하고 최고매수신고가격과 동일한 가격으로 채무자의 지분을 우선매수신청할 자격이 있다.

40. ③

③ 개업공인중개사는 위임인으로부터 매수신청의 위임을 받아 다음의 업무를 할 수 있다.

> 1. 매수신청 보증의 제공
> 2. 입찰표의 작성 및 제출
> 3. 차순위매수신고
> 4. 매수신청의 보증을 돌려 줄 것을 신청하는 행위
> 5. 공유자의 우선매수신고
> 6. 구 「임대주택법」에 따른 임대주택 임차인의 임대주택 우선매수신고
> 7. 공유자 또는 임대주택 임차인의 우선매수신고에 따라 차순위매수신고인으로 보게 되는 경우 그 차순위매수신고인의 지위를 포기하는 행위

⑤ 개업공인중개사는 다음의 어느 하나에 해당하는 경우에는 10일 이내에 지방법원장에게 그 사실을 신고해야 한다.

> 1. 중개사무소를 이전한 경우, 분사무소를 설치한 경우, 중개업을 휴업 또는 폐업한 경우
> 2. 자격취소·자격정지, 중개사무소 개설등록취소·업무정지 처분을 받은 경우

수고하셨습니다.
당신의 합격을 응원합니다.

합격까지 박문각

2023년도 제34회 시험대비 THE LAST 모의고사
정지웅 공인중개사법·중개실무

회차	문제수	시험과목
3회	40	공인중개사법·중개실무

수험번호		성명	

【정답 및 해설】

공인중개사의 업무 및
부동산 거래신고에 관한 법령 및 중개실무

1. ⑤	2. ③	3. ②	4. ①	5. ⑤	6. ③	7. ④	8. ③
9. ②	10. ③	11. ①	12. ⑤	13. ④	14. ⑤	15. ①	16. ④
17. ②	18. ⑤	19. ①	20. ③	21. ④	22. ①	23. ①	24. ②
25. ③	26. ⑤	27. ①	28. ②	29. ④	30. ④	31. ③	32. ⑤
33. ③	34. ①	35. ②	36. ②	37. ④	38. ②	39. ④	40. ⑤

〈문제분석 및 총평〉

■ 체감난이도 : 상

■ 문항분석

난이도 하	하나도 틀리지 말 것
11문항	1, 4, 11, 14, 16, 18, 19, 22, 32, 33, 36
난이도 중	13개 이상 맞을 것
16문항	2, 3, 5, 6, 8, 9, 10, 13, 20, 23, 25, 26, 30, 35, 37, 38
난이도 상	6개 이상 맞을 것
13문항	7, 12, 15, 17, 21, 24, 27, 28, 29, 31, 34, 39, 40

■ 총 평

3회 모의고사는 제32회 시험과 유사한 수준이며 봉투모의고사 3회분 가운데 가장 어려운 회차이다. 75점 이상 득점하였다면 충분히 합격이 가능하다. 65점 미만인 경우라면 최종요약서의 이론강의를 반복해서 듣고 암기를 더 해야 하며 기출지문 위주로 훈련하면 효과가 있다. 65점~75점 이하인 경우에도 최종요약서의 이론강의를 반복해서 듣고 더 암기해야 하며, 단원별 모의고사나 100선 위주로 반복하면 된다. 봉투모의고사 문제를 반복 훈련하는 것도 효과가 좋다. 같은 문제의 반복 훈련은 좋은 결과를 가져온다. 지문 외우기!

1. ⑤ 난이도 下

⑤ 어떠한 행위가 중개행위에 해당하는지 여부는 거래당사자의 보호에 목적을 둔 법 규정의 취지에 비추어 볼 때 개업공인중개사가 진정으로 거래당사자를 위하여 거래를 알선·중개하려는 의사를 갖고 있었느냐고 하는 개업공인중개사의 주관적 의사에 의하여 결정할 것이 아니라 개업공인중개사의 행위를 객관적으로 보아 사회통념상 거래의 알선·중개를 위한 행위라고 인정되는지 여부에 의하여 결정해야 한다(2005다32197).

④ 거래당사자가 무등록중개업자에게 중개를 의뢰한 행위를 「공인중개사법」 위반으로 처벌할 수 없으며, 공동정범 행위로 처벌할 수도 없다(2013도3246).

2. ③ 난이도 中

ㄴ. 특정한 아파트에 입주할 수 있는 권리가 아니라 아파트에 대한 추첨기일에 신청을 하여 당첨이 되면 아파트의 분양예정자로 선정될 수 있는 지위를 가리키는 데에 불과한 입주권은 「공인중개사법」 소정의 중개대상물인 건물에 해당한다고 보기 어렵다(90도1287).

ㄷ. 영업용 건물의 영업시설·비품 등 유형물이나 거래처, 신용, 영업상의 노하우 또는 점포위치에 따른 영업상의 이점 등 무형의 재산적 가치는 중개대상물이라고 할 수 없다(2005도6054).

3. ② 난이도 中

ㄴ. 일반중개계약서는 법령에 표준서식이 있으나 이를 사용할 의무가 없다.

ㄷ. 휴업기간 중에도 이중소속은 할 수 없다.

ㄹ. 외국인을 고용하는 경우에는 결격사유에 해당하지 아니함을 증명하는 서류를 첨부해야 한다. 소속공인중개사의 고용신고를 받은 등록관청은 자격증을 발급한 시·도지사에게 자격 확인을 요청해야 하므로 공인중개사 자격증 사본은 첨부하지 않는다.

4. ① 난이도 下

① 정당한 사유 없이 연수교육을 받지 않은 개업공인중개사 및 소속공인중개사에게 500만원 이하의 과태료를 부과한다.

5. ⑤ 난이도 中

⑤ 금고 또는 징역형의 집행유예를 받은 자는 집행유예기간이 종료된 날부터 2년이 지나지 아니한 자는 결격사유에 해당한다.

① 업무정지기간은 최대 6개월이므로 결격사유가 아니다.

② 법인의 해산을 이유로 등록취소된 경우는 결격사유에 해당하지 않는다.

③ 등록기준에 미달하여 등록이 취소된 경우는 결격사유에 해당하지 않는다.

④ 「공인중개사법」이 아닌 다른 법률을 위반하여 벌금형을 선고받은 자는 결격사유가 아니다.

6. ③ 난이도 中

ㄴ. 주택 및 상가의 분양대행을 할 수 있다.

ㄹ. 등록을 한 개업공인중개사를 대상으로 할 수 있는 업무이다.

7. ④ 난이도 上

④ 과태료 부과기준이 아닌 것은 ㄴ, ㅁ이다.

ㄴ. 정당한 사유 없이 개업공인중개사 등의 중개대상물에 대한 정당한 표시·광고 행위를 방해하는 행위는 3년 이하의 징역 또는 3천만원 이하의 벌금에 처한다.

ㅁ. 개업공인중개사가 아닌 자가 중개업을 하기 위하여 중개대상물에 대한 표시·광고를 하는 행위는 1년 이하의 징역 또는 1천만원 이하의 벌금에 처한다.

ㄱ. 중개대상물의 부당한 표시·광고를 하는 행위로서 500만원 이하의 과태료를 부과한다.

ㄷ. 개업공인중개사가 중개대상물의 표시·광고에 중개보조원을 명시한 행위는 100만원 이하의 과태료를 부과한다.

ㄹ. 중개대상물의 부당한 표시·광고를 하는 행위로서 500만원 이하의 과태료를 부과한다.

8. ③

③ 개업공인중개사가 <u>인터넷을 이용하여 표시·광고</u>를 하는 때에는 중개사무소 및 개업공인중개사에 관한 사항(사무소의 명칭, 소재지, 연락처, 등록번호, 개업공인중개사의 성명) 외에 중개대상물의 종류별로 대통령령으로 정하는 소재지, 면적, 가격 등의 <u>사항을 명시</u>하여야 한다.

> 1. 소재지, 면적, 가격
> 2. 중개대상물 종류
> 3. 거래 형태
> 4. 건축물 및 그 밖의 토지의 정착물인 경우 다음의 사항
>   1) 총 층수
>   2) 「건축법」 또는 「주택법」 등에 따른 사용승인·사용검사·준공검사 등을 받은 날
>   3) 해당 건축물의 방향, 방의 개수, 욕실의 개수, 입주가능일, 주차대수 및 관리비

9. ②

ㄱ. 공인중개사자격증 원본을 게시해야 한다.
ㄴ. 실무교육 수료증은 게시할 의무가 없다.
ㄹ. 모니터링 기관은 <u>수시</u> 모니터링 업무를 수행한 경우 해당 업무에 따른 결과보고서를 업무를 완료한 날부터 <u>15일 이내</u>에 국토교통부장관에게 제출해야 한다.

10. ③

① 전속중개계약서는 법정서식(별지 제15호)이 있으며 이를 반드시 사용하여 작성해야 한다.
② 유효기간은 당사자 간의 약정으로 정할 수 있으며, 약정이 없는 한 3개월로 한다.
④ 일반중개계약이 아닌 전속중개계약을 체결한 경우의 의무이다.
⑤ 일반중개계약서는 보존의무가 없으며 전속중개계약서를 3년 동안 보존할 의무가 있다.

11. ①

① 토지용 확인·설명서에는 환경조건(일조량, 소음, 진동)을 기재하지 않는다.

12. ⑤

⑤ 토지이용계획, 공법상 이용제한 및 거래규제에 관한 사항의 "건폐율 상한 및 용적률 상한"은 시·군의 조례에 따라 적고, "도시·군계획시설", "지구단위계획구역, 그 밖의 도시·군관리계획"은 개업공인중개사가 확인하여 적으며, 공부에서 확인할 수 없는 사항은 부동산종합공부시스템 등에서 확인하여 적는다. 다만, <u>임대차의 경우에는 기재를 생략할 수 있다.</u>

13. ④

④ 입목·광업재단·공장재단용 확인·설명서에는 토지이용계획, 공법상 이용제한 및 거래규제 사항을 기재하지 않는다.

14. ⑤

⑤ 예치명의자는 개업공인중개사 또는 대통령령이 정하는 다음의 자로 한다.

> 1. 공제사업을 하는 자(공인중개사협회)
> 2. 「은행법」에 따른 은행
> 3. 「보험업법」에 따른 보험회사
> 4. 「자본시장과 금융투자업에 관한 법률」에 따른 신탁업자
> 5. 「우체국예금·보험에 관한 법률」에 따른 체신관서
> 6. 계약금·중도금 또는 잔금 및 계약 관련서류를 관리하는 업무를 수행하는 전문회사

15. ①

ㄴ. '개업공인중개사가 서명 및 날인을 해야 하는 확인·설명서'란 개업공인중개사가 '거래당사자에게 교부하는' 확인·설명서를 의미하고, <u>보존하는 중개대상물 확인·설명서는 포함되지 않는다</u>(2022두57381).
ㄷ. 중개보수 및 실비의 금액과 그 산출내역은 확인·설명서 기재사항이다.
ㄹ. 중개사무소 개설등록을 <u>취소할 수 있다.</u> 임의적 등록취소

16. ④

④ 개업공인중개사가 다른 개업공인중개사의 중개로 매도하거나 매수하는 경우에는 중개의뢰인과 직접거래에 해당되지 않는다.
① 누구든지 해서는 안 되는 금지행위이다.
③ 쌍방대리는 금지행위이다.
⑤ 부당한 이익을 얻거나 제3자에게 부당한 이익을 얻게 할 목적으로 거짓으로 거래가 완료된 것처럼 꾸미는 등 중개대상물의 시세에 부당한 영향을 주거나 줄 우려가 있는 행위는 금지행위이다.

17. ②

② 부동산 거래신고를 거짓으로 한 행위도 신고센터에 신고할 수 있는 부동산거래질서 교란행위에 해당한다.
① <u>국토교통부장관</u>은 신고센터의 업무를 <u>한국부동산원</u>에 위탁한다.
③ 신고센터에 교란행위를 신고하려는 자는 다음의 사항을 서면(전자문서 포함)으로 제출해야 한다.

> 1. 신고자, 피신고자의 인적사항
> 2. 교란행위의 발생일시·장소 및 그 내용
> 3. 증거자료, 참고인의 인적사항

④ 신고센터의 요구를 받은 시·도지사 및 등록관청 등은 신속하게 조사 및 조치를 완료하고, 완료한 날부터 10일 이내에 그 결과를 <u>신고센터에 통보</u>해야 한다.
⑤ 신고내용이 명백히 거짓인 경우라도 국토교통부장관의 승인을 얻어 처리를 종결할 수 있다.

18. ⑤

⑤ 개업공인중개사는 <u>업무를 개시하기 전에</u> 손해배상책임을 보장하기 위하여 보증보험 또는 공제에 가입하거나 공탁을 해야 한다.
② 개업공인중개사는 중개가 완성된 때에는 거래당사자에게 손해배상책임의 보장에 관한 다음의 사항을 설명하고, 보증관계증서 사본을 교부하거나 전자문서를 제공해야 한다. ㉠ 보장금액 ㉡ 보장기간 ㉢ 보증보험회사, 공제사업을 행하는 자, 공탁기관 및 그 소재지

19. ①

② 교환대상 중개대상물 중 거래금액이 큰 중개대상물의 가액을 거래금액으로 한다.

③ 개업공인중개사의 고의 또는 과실로 인하여 중개의뢰인 간 거래행위가 무효·취소·해제된 경우 중개보수의 청구권은 소멸된다.

④ 중개대상물의 권리관계 등의 확인에 소요되는 비용은 개업공인중개사가 영수증 등을 첨부하여 매도·임대 그 밖의 권리를 이전하고자 하는 중개의뢰인에게 청구할 수 있으며, 계약금 등의 반환채무이행 보장에 소요되는 비용은 매수·임차 그 밖의 권리를 취득하고자 하는 중개의뢰인에게 청구할 수 있다.

⑤ 중개사무소 소재지를 관할하는 시·도 조례로 정한 기준에 따라 중개보수를 받아야 한다.

20. ③   난이도 中

③ 개업공인중개사는 부동산거래정보망에 중개대상물에 관한 정보를 거짓으로 공개하여서는 안 되며, 공개한 중개대상물의 거래가 이루어진 때에는 이를 지체 없이 해당 거래정보사업자에게 통보해야 한다. 이를 위반한 경우는 업무정지처분만 할 수 있는 사유이다.

21. ④   난이도 上

ㄱ. 甲은 중개사무소 등록증을 대여한 A를 고발하였으며, 검사는 A를 기소유예처분 하였다. ⇨ 甲 = 50만원

ㄴ. 포상금 지급대상인 단체를 구성하여 단체 구성원 이외의 자와 공동중개를 제한하는 행위를 한 B를 신고하여 B는 공소제기가 되었지만 신고 또는 고발 전에 미리 발각된 자이므로 포상금 지급대상이 아니다.

ㄷ. 甲과 乙은 포상금배분에 관한 합의 없이 중개사무소를 부정하게 등록한 C를 공동으로 고발하였고 C는 형사재판에서 무죄판결을 받았다. ⇨ 공소제기가 된 경우이므로 甲 = 25만원, 乙 = 25만원

ㄹ. 개업공인중개사가 아닌 자로서 중개대상물의 표시·광고를 한 D를 乙이 신고한 이후에 甲도 D를 신고하였고, E는 형사재판에서 유죄판결을 받았다. ⇨ 乙 = 50만원

∴ 甲 = 75만원, 乙 = 75만원

22. ①   난이도 下

① 공제사업의 운영위원회 <u>위원장 및 부위원장</u>은 위원 중에서 각각 <u>호선(互選)</u>한다.

23. ①   난이도 中

① 다음에 해당하는 자는 해당 지방자치단체의 조례가 정하는 바에 따라 수수료를 납부하여야 한다.

> 1. 공인중개사자격시험에 응시하는 자
> 2. 공인중개사자격증의 재교부를 신청하는 자
> 3. 중개사무소의 개설등록을 신청하는 자
> 4. 중개사무소등록증의 재교부를 신청하는 자
> 5. 분사무소설치의 신고를 하는 자
> 6. 분사무소설치신고확인서의 재교부를 신청하는 자

24. ②   난이도 上

ㄱ. 자격정지기간 중에 중개업무를 한 자 : 자격취소 사유

ㄹ. 「공인중개사법」을 위반하여 징역형의 집행유예를 선고받은 자 : 자격취소 사유

ㅁ. 다른 사람에게 자기의 성명을 사용하여 중개업무를 하게 한 자 : 자격취소 사유

ㄴ. 둘 이상의 중개사무소에 소속된 자 : 자격정지 사유

ㄷ. 공인중개사의 직무와 관련하여 「형법」상 사기죄로 500만원의 벌금형을 선고받은 자 : 「공인중개사법」이 아닌 타법을 위반하여 벌금형을 선고받은 경우는 행정처분의 대상이 아니다.

25. ③   난이도 中

② 둘 이상의 중개사무소를 둔 경우는 등록을 취소할 수 있는 임의적 등록취소사유에 해당한다.

26. ⑤   난이도 中

⑤ 자격취소 후 자격증의 반납은 자격증을 교부한 시·도지사에게 하여야 한다.

③ 자격정지처분은 최대 6개월까지 받게 되므로 자격정지기간이 모두 경과한 공인중개사는 결격사유에 해당하지 않으므로 개업공인중개사 등이 될 수 있다.

27. ①   난이도 上

ㄱ. 서로 다른 둘 이상의 거래계약서를 작성한 경우는 개업공인중개사의 임의적 등록취소 사유인데 업무정지 사유에도 해당하므로 업무정지 사유와 자격정지 사유에 공통으로 속한다.

ㄴ. 거래계약서에 서명 및 날인하지 아니한 경우 : 업무정지 사유와 자격정지 사유에 공통으로 속한다.

ㄹ. 금지행위는 개업공인중개사의 임의적 등록취소 사유인데 업무정지 사유에도 해당하므로 업무정지 사유와 자격정지 사유에 공통으로 속한다.

ㄷ. 거래계약서를 교부하지 않거나 보존하지 않은 경우는 개업공인중개사의 업무정지 사유에만 해당한다.

ㅁ. 중개대상물 확인·설명을 함에 있어서 설명의 근거자료를 제시하지 아니한 경우는 개업공인중개사의 500만원 이하의 과태료 사유이며, 소속공인중개사의 자격정지 사유이다.

28. ②   난이도 上

②③ 甲이 지방자치단체이므로 <u>지방자치단체가 단독으로 주택 임대차 계약의 신고</u>를 해야 한다.

① 광역시의 군에 소재하는 보증금 6천만원 초과 또는 월차임 30만원 초과인 주택 임대차계약은 신고대상에 포함된다.

④ 임차인이 「주민등록법」에 따라 <u>전입신고를 하는 경우</u> 이 법에 따른 주택 <u>임대차 계약의 신고를 한 것으로 본다.</u>

⑤ 임대차계약당사자는 주택 임대차 계약을 신고한 후 해당 임대차 계약의 보증금, 차임 등 임대차 가격이 변경되거나 임대차 계약이 해제된 때에는 변경 또는 해제가 확정된 날부터 30일 이내에 해당 신고관청에 공동으로 신고하여야 한다. 일방이 국가 등인 경우에는 국가 등이 신고하여야 한다.

29. ④

① 면적을 산정할 때 일단(一團)의 토지이용을 위하여 토지거래계약을 체결한 날부터 1년 이내에 일단의 토지 일부에 대하여 토지거래계약을 체결한 경우에는 그 일단의 토지 전체에 대한 거래로 본다.
② 허가관청은 취득하려는 면적이 그 토지의 이용목적으로 보아 적합하지 아니하다고 인정되는 경우에는 허가해서는 안 된다.
③ 허가구역에 있는 토지에 관한 소유권·지상권을 이전하거나 설정(대가를 받고 이전하거나 설정하는 경우만 해당한다)하는 계약(예약을 포함한다)을 체결하려는 당사자는 공동으로 시장·군수 또는 구청장의 허가를 받아야 한다.
⑤ 허가신청에 대하여 불허가의 처분을 받은 자는 그 통지를 받은 날부터 1개월 이내에 시장·군수 또는 구청장에게 해당 토지에 관한 권리의 매수를 청구할 수 있다.

30. ④

ㄴ. 국토교통부장관은 부동산 거래신고 또는 부동산 거래의 해제등신고 받은 내용의 확인을 위하여 신고내용조사를 직접 또는 신고관청과 공동으로 실시할 수 있다. 옳은 지문이다.
ㄱ. 일방이 국가, 공공기관, 지방자치단체, 지방직영기업, 지방공사, 지방공단인 경우에는 부동산거래계약 신고서를 국가 등이 단독으로 서명 또는 날인을 하여 제출해야 한다. 다른 상대방은 신고의무가 없다.
ㄷ. 개업공인중개사가 계약체결일부터 30일 이내에 신고해야 하며 거래당사자는 신고의무가 없다.

31. ③

③ 공통신고사항은 다음과 같다.

1. 거래당사자의 인적사항
2. 계약 체결일·중도금 지급일 및 잔금 지급일
3. 거래대상 부동산 등의 종류
4. 거래대상 부동산 등의 소재지·지번·지목 및 면적
5. 실제 거래가격
6. 계약의 조건이나 기한이 있는 경우에는 그 조건 또는 기한

추가신고사항은 다음과 같다.

1. 법인이 주택거래계약을 체결하는 경우 법인의 현황에 관한 사항을 신고해야 한다. 법인의 현황에 관한 사항은 법인의 등기현황과 거래상대방 간의 관계를 말한다.
2. 법인 외의 자(자연인)가 비규제지역에서 실제 거래가격이 6억원 이상인 주택을 매수하거나 투기과열지구 또는 조정대상지역에 소재하는 주택을 매수하는 경우에는 아래의 내용을 추가로 신고해야 한다.
   1) 거래대상 주택의 취득에 필요한 자금의 조달계획 및 지급방식. 이 경우 투기과열지구에 소재하는 주택의 거래계약을 체결한 경우 매수자는 자금의 조달계획을 증명하는 서류로서 국토교통부령으로 정하는 서류를 첨부해야 한다.
   2) 거래대상 주택에 매수자 본인이 입주할지 여부, 입주 예정 시기 등 주택의 이용계획

32. ⑤

⑤ 외국인 등이 계약 외(상속, 경매, 확정판결, 환매권 행사, 법인의 합병, 건축물의 신축·증축·개축·재축)의 원인으로 대한민국 안의 부동산 등을 취득한 때에는 부동산 등을 취득한 날부터 6개월 이내에 신고관청에 신고해야 한다.

33. ③

③ 국토교통부장관 또는 시·도지사는 허가구역을 지정하려면 중앙도시계획위원회 또는 시·도도시계획위원회의 심의를 거쳐야 한다. 즉, 허가구역을 지정하는 경우에는 의견청취를 하지 않는다.
다만, 지정기간이 끝나는 허가구역을 계속하여 다시 허가구역으로 지정하려면 중앙도시계획위원회 또는 시·도도시계획위원회의 심의 전에 미리 시·도지사(국토부장관이 허가구역을 지정하는 경우만 해당) 및 시장·군수 또는 구청장의 의견을 들어야 한다.

34. ①

① 다음의 신고 또는 신청은 전자문서를 제출하는 방법으로 할 수 있다.

1. 부동산거래계약 신고서 및 법인신고서 등
2. 정정신청을 위한 부동산거래 신고필증
3. 부동산거래계약 변경 신고서
4. 부동산거래계약의 해제등신고서
5. 주택 임대차 계약 신고서 및 주택 임대차 계약서
6. 임대차 변경 신고서 및 임대차 해제 신고서
7. 정정 사항을 표시한 임대차 신고필증
8. 외국인 등의 부동산 등 취득·계속보유 신고서 또는 외국인 토지 취득 허가신청서
9. 토지거래계약 허가 신청서 또는 토지거래계약 변경 허가 신청서
10. 이의신청서
11. 토지매수청구서
12. 취득토지의 이용목적변경 승인신청서

35. ②

② 시장·군수 또는 구청장은 다음에 해당하는 자를 관계 행정기관이나 수사기관에 신고하거나 고발한 자에게 예산의 범위에서 포상금을 지급할 수 있다.

1. 부동산 등의 실제 거래가격을 거짓으로 신고한 자 − 10% 이하의 과태료
2. 신고의무자가 아닌 자로서 부동산 등의 실제 거래가격을 거짓으로 신고한 자 − 10% 이하의 과태료
3. 부동산 등의 매매계약을 체결하지 아니하였음에도 불구하고 거짓으로 부동산 거래신고를 한 자 − 3천만원 이하의 과태료
4. 부동산 거래신고 후 해당 계약이 해제 등이 되지 아니하였음에도 불구하고 거짓으로 해제 등의 신고를 한 자 − 3천만원 이하의 과태료
5. 주택 임대차 계약의 보증금·차임 등 계약금액을 거짓으로 신고한 자 − 1백만원 이하의 과태료
6. 토지거래허가 또는 변경허가를 받지 아니하고 토지거래계약을 체결한 자 또는 거짓 그 밖의 부정한 방법으로 토지거래계약허가를 받은 자 − 2년 이하의 징역 또는 공시지가 100분의 30 이하의 벌금
7. 토지거래허가를 받아 취득한 토지에 대하여 허가받은 목적대로 이용하지 아니한 자 − 이행명령 및 이행강제금

36. ②   난이도 下

② 농지 외의 토지를 공공사업용으로 협의양도하거나 수용된 자가 대
체토지를 취득하기 위하여 허가를 받은 경우에는 토지취득일부터 2년
간 이용해야 한다.

37. ④   난이도 中

④ 임차인의 <u>계약갱신요구</u>에 의하여 갱신된 경우 임차인은 언제든지
임대인에게 계약해지를 통지할 수 있으며 해지는 임대인이 그 통지를
받은 날부터 3개월이 지나면 그 효력이 발생한다.
② 임차인이 임대차 종료 후 동시이행항변권을 근거로 임차목적물을
계속 점유하고 있는 경우, 보증금반환채권에 대한 소멸시효는 진행하
지 않는다(2016다244224).

38. ②   난이도 中

① 매수신청보증은 최저매각가격의 10분의 1로 한다.
③ 매각허가결정이 확정되면 법원은 대금의 지급기한을 정하고, 이를
매수인과 차순위매수신고인에게 통지해야 한다. 매수인은 법원이 정한
대금지급기한까지 매각대금을 지급해야 하며, <u>매수인은 매각대금을 다
낸 때에 소유권을 취득</u>한다.
④ 대금지급기일이 아니라 대금지급<u>기한</u>이 옳다.
⑤ 매수인이 대금지급기한까지 그 의무를 완전히 이행하지 아니하였
고, 차순위매수신고인이 없는 때에는 재매각을 실시한다. 재매각에서
종전 매수인은 매수신청을 할 수 없으며 매수신청보증을 돌려 줄 것을
요구하지 못한다.

39. ④   난이도 上

④ 지방법원장은 등록 후 매수신청대리 등록요건을 갖추지 못하게 된
개업공인중개사에 대하여 매수신청대리인 <u>등록을 취소할 수 있다</u>.

> 1. 지방법원장은 다음 각 호의 어느 하나에 해당하는 경우에는 매
>   수신청대리인 등록을 취소하여야 한다.
>   1) 「공인중개사법」상 중개사무소 개설등록의 <u>결격사유</u>의 어느
>   하나에 해당하는 경우
>   2) 중개업의 <u>폐업</u>신고 또는 매수신청대리업의 <u>폐업</u>신고를 한 경우
>   3) 「공인중개사법」에 따라 공인중개사 <u>자격이 취소</u>된 경우
>   4) 중개사무소 개설<u>등록이 취소</u>된 경우
>   5) 등록<u>당시</u> 매수신청대리의 등록요건을 갖추지 않았던 경우
>   6) 등록<u>당시</u> 매수신청대리의 결격사유가 있었던 경우
> 2. 지방법원장은 다음 각 호의 어느 하나에 해당하는 경우에는 매
>   수신청대리인 등록을 취소할 수 있다.
>   1) 등록 후 매수신청대리의 등록요건을 갖추지 못하게 된 경우
>   2) 등록 후 매수신청대리의 결격사유가 있게 된 경우
> 3. 지방법원장은 개업공인중개사가 다음의 어느 하나에 해당하는
>   경우에는 기간을 정하여 매수신청대리업무를 정지하는 처분을
>   하여야 한다.
>   1) 중개업을 <u>휴업</u>했거나 매수신청대리업을 <u>휴업</u>하였을 경우
>   2) 공인중개사 <u>자격을 정지</u>당한 경우
>   3) 중개업의 <u>업무정지</u>를 당한 경우

40. ⑤   난이도 上

⑤ 개업공인중개사는 다음 각 호의 어느 하나에 해당하는 경우에는 그
사유가 발생한 날로부터 10일 이내에 지방법원장에게 그 사실을 신고
하여야 한다.

> 1. 중개사무소를 이전한 경우
> 2. 분사무소를 설치한 경우
> 3. 중개업을 휴업 또는 폐업한 경우
> 4. 공인중개사 자격이 취소된 경우
> 5. 공인중개사 자격이 정지된 경우
> 6. 중개사무소 개설등록이 취소된 경우
> 7. 중개업무가 정지된 경우

수고하셨습니다.
당신의 합격을 응원합니다.

www.pmg.co.kr

성 명 (필적감정용)
홍 길 동

수험자 유의사항

1. 시험 중에는 통신기기(휴대전화·소형 무전기 등) 및 전자기기(초소형 카메라 등)를 소지하거나 사용할 수 없습니다.
2. 부정행위 예방을 위해 시험문제지에도 수험번호와 성명을 반드시 기재하시기 바랍니다.
3. **시험시간이 종료되면 즉시 답안작성을 멈춰야** 하며, 종료시간 이후 계속 답안을 작성하거나 감독위원의 답안카드 제출지시에 불응할 때에는 당해 시험이 무효처리 됩니다.
4. 기타 감독위원의 정당한 지시에 불응하여 타 수험자의 시험에 방해가 될 경우 퇴실조치 될 수 있습니다.

답안카드 작성 시 유의사항

1. 답안카드 기재·마킹 시에는 **반드시 검은색 사인펜**을 사용해야 합니다.
2. 답안카드를 잘못 작성했을 시에는 카드를 교체하거나 수정테이프를 사용하여 수정할 수 있습니다.
   그러나 불완전한 수정처리로 인해 발생하는 전산자동판독불가 등 불이익은 수험자의 귀책사유입니다.
   　－수정테이프 이외의 수정액, 스티커 등은 사용 불가
   　－답안카드 왼쪽(성명·수험번호 등)을 제외한 '답안란'만 수정테이프로 수정 가능
3. 성명란은 수험자 본인의 성명을 정자체로 기재합니다.
4. 교시 기재란은 해당교시를 기재하고 해당 란에 마킹합니다.
5. 시험문제지 형별기재란에 표시된 형별(A형 공통)을 확인합니다.
6. 수험번호란은 숫자로 기재하고 아래 해당번호에 마킹합니다.
7. 시험문제지 형별 및 수험번호 등 마킹착오로 인한 불이익은 전적으로 수험자의 귀책사유입니다.
8. 감독위원의 날인이 없는 답안카드는 무효처리 됩니다.
9. 상단과 우측의 검은색 띠(▮▮▮) 부분은 낙서를 금지합니다.
10. 답안카드의 채점은 전산 판독결과에 따르며, 마킹누락, 마킹착오, 불완전한 마킹 등은 수험자의 귀책사유에 해당하므로 이의제기를 하더라도 받아들여지지 않습니다.

부정행위 처리규정

시험 중 다음과 같은 행위를 하는 자는 당해 시험을 무효처리하고 자격별 관련 규정에 따라 일정기간 동안 시험에 응시할 수 있는 자격을 정지합니다.

1. 시험과 관련된 대화, 답안카드 교환, 다른 수험자 답안·문제지를 보고 답안 작성, 대리시험을 치르거나 치르게 하는 행위, 시험 문제 내용과 관련된 물건을 휴대하거나 이를 주고받는 행위
2. 시험장 내외로부터 도움을 받아 답안을 작성하는 행위, 공인어학성적 및 응시자격서류를 허위기재하여 제출하는 행위
3. 통신기기(휴대전화·소형 무전기 등) 및 전자기기(초소형 카메라 등)를 휴대하거나 사용하는 행위
4. 다른 수험자와 성명 및 수험번호를 바꾸어 작성·제출하는 행위
5. 기타 부정 또는 불공정한 방법으로 시험을 치르는 행위

교시 기재란
(1)교시 ● ② ③

형별 기재란	A형
	●

선 택 과 목 1

선 택 과 목 2

수 험 번 호

0	1	3	2	9	8	0	1
●	⓪	⓪	⓪	⓪	⓪	●	⓪
①	●	①	①	①	①	①	●
②	②	②	●	②	②	②	②
③	③	●	③	③	③	③	③
④	④	④	④	④	④	④	④
⑤	⑤	⑤	⑤	⑤	⑤	⑤	⑤
⑥	⑥	⑥	⑥	⑥	⑥	⑥	⑥
⑦	⑦	⑦	⑦	⑦	⑦	⑦	⑦
⑧	⑧	⑧	⑧	⑧	●	⑧	⑧
⑨	⑨	⑨	⑨	●	⑨	⑨	⑨

감독위원 확인
긴 ㉮ 독

수험자 유의사항

1. 시험 중에는 통신기기(휴대전화·소형 무전기 등) 및 전자기기(초소형 카메라 등)를 소지하거나 사용할 수 없습니다.
2. 부정행위 예방을 위해 시험문제지에도 수험번호와 성명을 반드시 기재하시기 바랍니다.
3. **시험시간이 종료되면 즉시 답안작성을 멈춰야** 하며, 종료시간 이후 계속 답안을 작성하거나 감독위원의 답안카드 제출지시에 불응할 때에는 당해 시험이 무효처리 됩니다.
4. 기타 감독위원의 정당한 지시에 불응하여 타 수험자의 시험에 방해가 될 경우 퇴실조치 될 수 있습니다.

답안카드 작성 시 유의사항

1. 답안카드 기재·마킹 시에는 **반드시 검은색 사인펜**을 사용해야 합니다.
2. 답안카드를 잘못 작성했을 시에는 카드를 교체하거나 수정테이프를 사용하여 수정할 수 있습니다.
   그러나 불완전한 수정처리로 인해 발생하는 전산자동판독불가 등 불이익은 수험자의 귀책사유입니다.
   − 수정테이프 이외의 수정액, 스티커 등은 사용 불가
   − 답안카드 왼쪽(성명·수험번호 등)을 제외한 '답안란'만 수정테이프로 수정 가능
3. 성명란은 수험자 본인의 성명을 정자체로 기재합니다.
4. 교시 기재란은 해당교시를 기재하고 해당 란에 마킹합니다.
5. 시험문제지 형별기재란에 표시된 형별(A형 공통)을 확인합니다.
6. 수험번호란은 숫자로 기재하고 아래 해당번호에 마킹합니다.
7. 시험문제지 형별 및 수험번호 등 마킹착오로 인한 불이익은 전적으로 수험자의 귀책사유입니다.
8. 감독위원의 날인이 없는 답안카드는 무효처리 됩니다.
9. 상단과 우측의 검은색 띠(■■■) 부분은 낙서를 금지합니다.
10. 답안카드의 채점은 전산 판독결과에 따르며, 마킹누락, 마킹착오, 불완전한 마킹 등은 수험자의 귀책사유에 해당하므로 이의제기를 하더라도 받아들여지지 않습니다.

부정행위 처리규정

시험 중 다음과 같은 행위를 하는 자는 당해 시험을 무효처리하고 자격별 관련 규정에 따라 일정기간 동안 시험에 응시할 수 있는 자격을 정지합니다.

1. 시험과 관련된 대화, 답안카드 교환, 다른 수험자 답안·문제지를 보고 답안 작성, 대리시험을 치르거나 치르게 하는 행위, 시험문제 내용과 관련된 물건을 휴대하거나 이를 주고받는 행위
2. 시험장 내외로부터 도움을 받아 답안을 작성하는 행위, 공인어학성적 및 응시자격서류를 허위기재하여 제출하는 행위
3. 통신기기(휴대전화·소형 무전기 등) 및 전자기기(초소형 카메라 등)를 휴대하거나 사용하는 행위
4. 다른 수험자와 성명 및 수험번호를 바꾸어 작성·제출하는 행위
5. 기타 부정 또는 불공정한 방법으로 시험을 치르는 행위

성 명 (필적감정용)
홍 길 동

수험자 유의사항

1. 시험 중에는 통신기기(휴대전화·소형 무전기 등) 및 전자기기(초소형 카메라 등)를 소지하거나 사용할 수 없습니다.
2. 부정행위 예방을 위해 시험문제지에도 수험번호와 성명을 반드시 기재하시기 바랍니다.
3. **시험시간이 종료되면 즉시 답안작성을 멈춰야** 하며, 종료시간 이후 계속 답안을 작성하거나 감독위원의 답안카드 제출지시에 불응할 때에는 당해 시험이 무효처리 됩니다.
4. 기타 감독위원의 정당한 지시에 불응하여 타 수험자의 시험에 방해가 될 경우 퇴실조치 될 수 있습니다.

답안카드 작성 시 유의사항

1. 답안카드 기재·마킹 시에는 **반드시 검은색 사인펜**을 사용해야 합니다.
2. 답안카드를 잘못 작성했을 시에는 카드를 교체하거나 수정테이프를 사용하여 수정할 수 있습니다.
    그러나 불완전한 수정처리로 인해 발생하는 전산자동판독불가 등 불이익은 수험자의 귀책사유입니다.
    −수정테이프 이외의 수정액, 스티커 등은 사용 불가
    −답안카드 왼쪽(성명·수험번호 등)을 제외한 '답안란'만 수정테이프로 수정 가능
3. 성명란은 수험자 본인의 성명을 정자체로 기재합니다.
4. 교시 기재란은 해당교시를 기재하고 해당 란에 마킹합니다.
5. 시험문제지 형별기재란에 표시된 형별(A형 공통)을 확인합니다.
6. 수험번호란은 숫자로 기재하고 아래 해당번호에 마킹합니다.
7. 시험문제지 형별 및 수험번호 등 마킹착오로 인한 불이익은 전적으로 수험자의 귀책사유입니다.
8. 감독위원의 날인이 없는 답안카드는 무효처리 됩니다.
9. 상단과 우측의 검은색 띠(▮▮▮) 부분은 낙서를 금지합니다.
10. 답안카드의 채점은 전산 판독결과에 따르며, 마킹누락, 마킹착오, 불완전한 마킹 등은 수험자의 귀책사유에 해당하므로 이의제기를 하더라도 받아들여지지 않습니다.

부정행위 처리규정

시험 중 다음과 같은 행위를 하는 자는 당해 시험을 무효처리하고 자격별 관련 규정에 따라 일정기간 동안 시험에 응시할 수 있는 자격을 정지합니다.

1. 시험과 관련된 대화, 답안카드 교환, 다른 수험자 답안·문제지를 보고 답안 작성, 대리시험을 치르거나 치르게 하는 행위, 시험 문제 내용과 관련된 물건을 휴대하거나 이를 주고받는 행위
2. 시험장 내외로부터 도움을 받아 답안을 작성하는 행위, 공인어학성적 및 응시자격서류를 허위기재하여 제출하는 행위
3. 통신기기(휴대전화·소형 무전기 등) 및 전자기기(초소형 카메라 등)를 휴대하거나 사용하는 행위
4. 다른 수험자와 성명 및 수험번호를 바꾸어 작성·제출하는 행위
5. 기타 부정 또는 불공정한 방법으로 시험을 치르는 행위

( )년도 ( ) 제( )차 국가전문자격시험 답안카드

1 ①②③④⑤	21 ①②③④⑤	41 ①②③④⑤	61 ①②③④⑤	81 ①②③④⑤	101 ①②③④⑤	121 ①②③④⑤
2 ①②③④⑤	22 ①②③④⑤	42 ①②③④⑤	62 ①②③④⑤	82 ①②③④⑤	102 ①②③④⑤	122 ①②③④⑤
3 ①②③④⑤	23 ①②③④⑤	43 ①②③④⑤	63 ①②③④⑤	83 ①②③④⑤	103 ①②③④⑤	123 ①②③④⑤
4 ①②③④⑤	24 ①②③④⑤	44 ①②③④⑤	64 ①②③④⑤	84 ①②③④⑤	104 ①②③④⑤	124 ①②③④⑤
5 ①②③④⑤	25 ①②③④⑤	45 ①②③④⑤	65 ①②③④⑤	85 ①②③④⑤	105 ①②③④⑤	125 ①②③④⑤
6 ①②③④⑤	26 ①②③④⑤	46 ①②③④⑤	66 ①②③④⑤	86 ①②③④⑤	106 ①②③④⑤	
7 ①②③④⑤	27 ①②③④⑤	47 ①②③④⑤	67 ①②③④⑤	87 ①②③④⑤	107 ①②③④⑤	
8 ①②③④⑤	28 ①②③④⑤	48 ①②③④⑤	68 ①②③④⑤	88 ①②③④⑤	108 ①②③④⑤	
9 ①②③④⑤	29 ①②③④⑤	49 ①②③④⑤	69 ①②③④⑤	89 ①②③④⑤	109 ①②③④⑤	
10 ①②③④⑤	30 ①②③④⑤	50 ①②③④⑤	70 ①②③④⑤	90 ①②③④⑤	110 ①②③④⑤	
11 ①②③④⑤	31 ①②③④⑤	51 ①②③④⑤	71 ①②③④⑤	91 ①②③④⑤	111 ①②③④⑤	
12 ①②③④⑤	32 ①②③④⑤	52 ①②③④⑤	72 ①②③④⑤	92 ①②③④⑤	112 ①②③④⑤	
13 ①②③④⑤	33 ①②③④⑤	53 ①②③④⑤	73 ①②③④⑤	93 ①②③④⑤	113 ①②③④⑤	
14 ①②③④⑤	34 ①②③④⑤	54 ①②③④⑤	74 ①②③④⑤	94 ①②③④⑤	114 ①②③④⑤	
15 ①②③④⑤	35 ①②③④⑤	55 ①②③④⑤	75 ①②③④⑤	95 ①②③④⑤	115 ①②③④⑤	
16 ①②③④⑤	36 ①②③④⑤	56 ①②③④⑤	76 ①②③④⑤	96 ①②③④⑤	116 ①②③④⑤	
17 ①②③④⑤	37 ①②③④⑤	57 ①②③④⑤	77 ①②③④⑤	97 ①②③④⑤	117 ①②③④⑤	
18 ①②③④⑤	38 ①②③④⑤	58 ①②③④⑤	78 ①②③④⑤	98 ①②③④⑤	118 ①②③④⑤	
19 ①②③④⑤	39 ①②③④⑤	59 ①②③④⑤	79 ①②③④⑤	99 ①②③④⑤	119 ①②③④⑤	
20 ①②③④⑤	40 ①②③④⑤	60 ①②③④⑤	80 ①②③④⑤	100 ①②③④⑤	120 ①②③④⑤	

수험자
여러분의
합격을
기원합니다.

합격까지 박문각